10대와 통하는
독립운동가 이야기

10대와 통하는 독립운동가 이야기

제1판 제1쇄 발행일 2014년 8월 15일
제1판 제5쇄 발행일 2017년 6월 3일

글 | 김삼웅
사진 제공 | 독립기념관
편집 | 책도둑(박정훈, 박정식, 김민호)
디자인 | 이안디자인
펴낸이 | 김은지
펴낸곳 | 철수와영희
등록번호 | 제319-2005-42호
주소 | 서울시 마포구 월드컵로 65, 302호 (망원동, 양경회관)
전화 | (02)332-0815
팩스 | (02)6091-0815
전자우편 | chulsu815@hanmail.net

ⓒ 김삼웅 2014

ISBN 978-89-93463-57-6 43910

철수와영희 출판사는 '어린이' 철수와 영희, '어른' 철수와 영희에게 도움 되는
책을 펴내기 위해 노력하고 있습니다.

10대와 통하는

독립운동가 이야기

글 ― 김삼웅

철수와영희

청소년들의 바른 역사관을 위하여

옛 학자들은 역사를 거울에 비유했습니다. 자신의 맨얼굴을 비춰 본다는 뜻입니다. 조선 초기 서거정이 지은 『동국통감』의 '감'은 '거울 감(鑑)' 자입니다. 중국 사마광이 쓴 『자치통감』의 '감'도 마찬가지고요.

지나간 일을 거울에 비춰 보고 참고할 것은 참고하고 반성할 것은 반성한다는 데 진정한 역사의 가치가 있습니다. 그래서 영국의 사학자 E. H. 카는 "역사는 현재와 과거의 대화"라는 유명한 말을 남겼습니다. 사학자이면서 독립운동가인 단재 신채호는 "역사란 아(我)와 비아(非我)의 투쟁"이라고 하였지요. 여기서 '아'는 조선이고 '비아'는 제국주의 일본입니다. 과거에서 교훈을 배우지 못한다면 역사의 존재 가치는 사라집니다. 마치 공동묘지의 묘비처럼 말입니다.

일제 강점기에 우리 독립운동가들은 비록 나라는 망하였으나 역사만 잃지(잊지) 않으면 반드시 독립을 찾게 된다면서 역사책을 쓰고, 학교를 세워서 청소년들을 가르쳤습니다. 그들이 장성하여 독립군이 되고 의열단원이 되어 광폭한 일본 제국주의와 싸웠습니다.

'음수사원(飮水思源)'이란 말 들어보셨나요? 물을 마실 때는 반드시 그 근원을 생각하라는 가르침입니다. 요즘은 부엌의 수도에서 콸콸 쏟아지고, 마을 슈퍼에 가면 음료수가 쌓여 있어서 그럴 여지가 없지만, 한 번쯤은 매일 마시는 물의 근원이 어딘지 생각해 보면 어떨까요. 지금 내가 마시는 물은 곧 나의 건강, 나의 생명과 직결되니까요.

역사도 마찬가지입니다. 오늘의 대한민국은 수많은 애국선열의 피와 땀과 눈물이 있었기에 가능했습니다. 1910년 8월 29일 우리는 일본 제국주의자들에게 나라를 빼앗겼습니다. 조선 말기 임금과 중신이 정치를 잘못한 탓도 있지만, 본질적으로는 남의 나라를 무력으로 침략하여 강제로 빼앗고, 국민을 노예로 만든 일본 제국주의 강도 집단의 책임입니다. 그리고 빼놓을 수 없는 것이 일제와 야합한 매국노와 친일파라는 존재들이죠.

나라가 망할 때 두 부류의 인간이 있었습니다. 생명과 재산을 모두 바쳐서라도 빼앗긴 나라를 되찾겠다고 의병과 독립운동에 나선 애국자들과, 조국과 민족을 배반하면서 침략 세력에 협력한 매국노·친일파들이지요.

독립운동가는 가족들에게까지 고통과 희생이 따랐고, 매국노·친일파들에게는 감투와 돈뭉치가 주어졌습니다. 독립운동가들은 국내와 해외에서 풍찬노숙을 하고, 친일파들은 호의호식하며 잘살았습니다. 당대는 물론이고 후손들도 처지는 비슷합니다.

전자는 돈이 없어서 배우지 못하고, 후자는 유산이 넉넉하여 배움의 길이 트였지요. 더욱이 해방 후 이승만 정부가 독립운동가들은 박대하고 친일파들은 중용하면서 이 같은 현상이 이어졌습니다.

하지만, 역사의 시각으로 볼 때 독립운동가와 친일파의 행위는 애국자의 길과 매국노의 길로 확연히 갈라집니다. 그래서 옛 사람들은 역사를 '감계(鑑戒)'라고도 하였지요. 거울이면서 교훈을 준다는 뜻입니다.

정의감이 있는 청소년들에게 유산이 많은 친일파의 후손이고자 하는가, 비록 생활이 어렵더라도 당당하고 정직하게

산 의병·독립운동가의 후손이고자 하는가를 묻는다면 어느 편에 서겠습니까. 그만큼 역사의 심판은 무서운 것입니다.

이 책은 우리나라 대표적인 독립운동가 19인의 생애를 조명한 것입니다. 수천, 수만 명의 독립운동가 중에서 19인을 고르는 작업이 쉽지 않았습니다. 나중에 기회를 보아 제2권, 제3권을 내게 되면 이번에 빠진 독립운동가들을 소개하겠습니다.

그동안 언론사와 독립기념관에서 일하면서 우리나라 독립운동가들처럼 치열하게, 그리고 장구한 시일 동안 줄기차게 항일 투쟁을 전개한 사례는 세계 식민지 역사상 유례가 없다는 사실을 알게 되었습니다. 그만큼 희생이 컸지요. 그나마 독립운동사에 이름이라도 남긴 분들은 다행이지만, 봉오동 전투, 청산리 대첩을 비롯하여 각종 무장투쟁 과정에서 이름 없이 사라져 간 전사들이 많았습니다. 우리는 '음수사원'의 자세로 이분들의 희생을 생각해야 할 것입니다.

청소년들은 앞으로 전공을 무엇으로 선택하든 간에 자기 나라의 역사를 알아야 합니다. 특히 오늘 우리의 삶과 밀접히 연관되는 근현대사를 이해해야 할 것입니다. 아무리 우수한 인재라도 자기 나라의 역사를 모른다면 존경받기 어렵겠지요. 역사를 "만학(萬學)의 어머니"라고 하는 이유입니다.

지금 우리나라가 처한 국제적 환경은 조선 말기와 비슷해지고 있습니다. 일본의 재무장과 신국가주의의 침략 야욕은 나날이 심해지고, 중국은 오래전부터 '동북공정'이라 하여 우리의 고구려·발해사까지 중국의 변방사로 편입하려 들고, 미국은 한반도를 중국 봉쇄의 전진 기지로 삼고자 합니다. 세계 유일의 분단국인 우리나라의 남북 대치 상황은 그칠 줄을 모릅니다. 이

럴 때일수록 국난기에 광복을 위하여 몸을 던졌던 독립운동가들의 정신을 이으면서, 내일의 지도자가 될 큰 꿈을 키우는 여러분이 되었으면 합니다.

2014년 여름
김삼웅

2부. 광야의 외침
– 해외의 독립운동가

4부. 통일 정부의 꿈
-임시정부와 통일 운동

간략하게 살펴보는
우리나라 독립운동의 정신과 역사

혼란의 시대와 의병의 봉기

19세기 후반이 되면서 우리나라의 사정은 대단히 어려워졌습니다. 임금과 중신들의 실정으로 나라의 기틀이 무너지고, 탐관오리들이 백성을 착취하여 전국 각지에서 민란이 일어납니다.

이 틈을 타고 일본이 불평등한 강화도조약(일명 '병자 수호 조약')을 강제하여 한국 침략의 야욕을 드러냈지요. 조약이 체결되자 유생들의 거센 반대 상소가 일어났지요. 그러나 조정은 일본의 야욕을 물리칠 힘이 없었고, 일본을 등에 업고 출세하려는 자들이 나타나 큰 세력을 형성합니다.

1894년 전봉준이 보국안민·척왜척양의 기치를 내걸고 동학 농민 혁명을 일으켰으나 정부는 청국군을 끌어들이고, 일본군이 뒤따라 들어와서 신식 무기로 농민들을 무차별 학살합니다. 결국 동학 농민 혁명은 20~30만 명의 희생자를 낸 채 좌절되고 말았습니다. 만약 혁명이 성공했다면 우리나라의 근현대사는 크게 달라졌을 것입니다.

조선에 들어온 일본군의 횡포는 이루 말할 수 없었습니다. 1895년 10월 8일 조선 주재 일본 공사 미우라가 끌어들인 낭인들이 궁궐에 난입하여 명성황후를 처참하게 살해합니다. 명성황후가 러시아를 동원하여 일본에 맞선다는 것이 살해 이유였습니다. 역사책에서는 '을미사변'이라고 이해하기 어려운 표현을 쓰지만 바른 이름은 '명성황후 살해 사건'입니다.

명성황후 살해 사건과 함께 일본의 압력으로 단발령이 강행되었다는 소식이 알려지자 전국 각지에서 항일 의병이 벌떼처럼 일어납니다. 이른바 '을미 의병'이지요.

의병은 우리나라의 훌륭한 전통입니다. 나라가 위급할 때 민중이 스스로 일어나 외적에 대항하여 싸우는 것을 '의병'이라 한답니다. 임진왜란 때도 의병의 활약이 컸습니다. 당시 선조 임금이 의주로 도망치고 관군이 변변한 전투 한번 못 해 보고 패하자 민중이 들고일어났지요. 유학자·승려·농민들이 의병이 되어 싸우면서 전세가 역전되었답니다.

을사년인 1905년, 일본은 한국을 강제로 합병하는 과정에서 한국의 외교권을 빼앗는 을사늑약을 강제합니다. 청·일 전쟁과 러·일 전쟁을 승리로 이끈 일본은 제2차 영·일 동맹, 가쓰라·태프트 밀약을 맺습니다. 이를 통해 영국은 인도, 미국은 필리핀에 대한 지배권을 확보합니다. 일본은 한국에 대한 지배권을 승인받지요. 그러고는 무력을 동원하여 을사늑약을 맺고 한국의 외교권을 강탈합니다. 을사늑약은 한국의 국권을 빼앗는 망국 조약이에요. 일본은 이를 '한·일 보호 조약'이라 불렀습니다. 한국을 '보호'하려는 것이라고 주장한 겁니다. 일부 의식이 없는 우리나라 학자와 언론인들도 이를 따라서 '을사 보호 조약'이라 불렀지요. 하지만 이것은 틀린 말입니다. 조약이 아니라 '늑약'이에요. 강제로 맺은 조약이란 뜻입니다.

조약은 국가 간에 평등한 조건과 국민의 동의로 이루어지는 것인데, 을사늑약은 그러지 않았으니까요. 일본군의 총검

아래 강박으로, 그것도 국민의 뜻과는 상관없이 친일 매국노 5적에 의해 이루어졌지요. 그래서 '을사늑약'이라 해야 옳습니다. 역사 공부에서는 이처럼 '역사 용어'를 제대로 쓰는 것이 중요해요.

일제의 침탈과 독립운동의 조직화

을사늑약으로 인해 조선 왕조는 27대 519년 만에 멸망하고, 우리나라는 일본의 식민지가 되어 36년 동안을 세계 역사상 유례가 없는 일제의 폭압과 착취를 당하게 되지요. 5000년 역사에서 국권을 송두리째 강탈당한 것은 처음이었답니다.

일본의 한국 침략 과정을 도표로 정리하면 다음과 같습니다.

조약 이름(연대)	한국 대표	일본 대표	결과
한·일 의정서 (1904)	이지용	하야시	내정 간섭, 군사 기지 확보
제1차 한·일 협약 (1904)	윤치호	하야시	고문 정치
을사늑약 (1905)	박재순	하야시	통감부 설치
한·일 신협약 (1907)	이완용	이토 히로부미	차관 정치
한·일 병탄 조약 (1910)	이완용	데라우치	한국 병탄

을사늑약 소식이 알려지면서 제2기 의병 전쟁이 일어납니다. 바로 '을사 의병'이지요. 양반 유생을 지휘부로 한 농민층

의 항쟁이 전국적으로 확산되었습니다. 그러나 신식 무기로 무장한 일본군에 밀려 많은 희생자를 낸 채 소강상태에 빠집니다. 그러던 중 1907년 일제는 대한제국의 군대를 강제로 해산시켜요. 이들이 대거 의병에 가담합니다. 병력이 크게 강화된 전국의 의병들이 마침내 서울 진격을 위한 연합 전선을 형성합니다. 이인영을 13도 총대장, 허위를 군사장으로 하여 1만 명의 병력으로 그해 12월 경기도 양주에 집결합니다.

의병들 중 해산당한 군인들은 서양식 총으로, 나머지는 화승총 또는 죽창으로 무장했으나, 최신식 총기로 무장한 일본군과의 대적은 쉽지가 않았지요. 서울 진격 부대는 일본군의 완강한 저항을 받아 동대문 밖에서 패하고, 그 후 전국으로 흩어져 산발적인 유격전을 전개하다가 일본군의 이른바 '남한 대토벌 작전'으로 5만여 명의 사상자를 내면서 진압됩니다.

학살을 피한 나머지 의병들은 중국의 만주나 러시아 블라디보스토크 지역으로 망명하여, 그곳에서 동포들의 무장 독립군에 합세하여 끈질긴 항전을 계속합니다. 국내 의병의 뿌리는 동학 농민 혁명에 참여했던 농민들과 을사늑약에 반대하여 참여한 지식인·농민들이었습니다.

을사늑약으로 사실상 한국의 외교권과 내정을 장악한 일본은 1910년, 명맥만 남은 대한제국의 국권을 완전히 빼앗고자 8월 29일 한·일 병탄(남의 재물이나 다른 나라의 영토를 자기 것으로 만듦) 조약을 강제합니다. 8월 22일 대한제국의 총리대신 매국노 이완용과 일본의 조선 통감 데라우치 사이에 조인되었으나, 한국인의 저항이 두려워 일주일 후에 공표한 것입니다. 그런데 이 조약은 무효예요. 순종 황제 몰래 이완용 무리가 옥새를 조약 문서에 찍었기 때문입니다.

한국을 병탄한 일제는 그 공으로 이완용 등 매국노 75명에게 일본 작위와 거액의 보상금을 안겨 줍니다. 반대하는 사람들은 투옥하거나 고문하는 등 악행을 저질렀지요. 그리고는 비판의 목소리를 틀어막는 데 열중합니다. 서울 거리에 장정 서너 명이 함께 다니는 것도 막을 정도였지요. 일제와 줄기차게 싸웠던 〈대한매일신보〉는 빼앗아 '대한'을 빼고 〈매일신보〉라는 이름으로, 패망할 때까지 총독부의 기관지로 삼습니다.

병탄 후 본격적인 식민지 수탈 정책이 행해집니다. 한국의 역사책을 모조리 수거하여 없애고, 산골 주민들의 산짐승 사냥용 화승총을 비롯하여 모든 무기류를 빼앗아 갑니다. '토지조사사업'이라 하여 전국의 기름진 땅은 일본인의 차지가 되고, 탄광·삼림·수산업의 모든 이권을 강탈하지요.

하지만 우리 애국지사들은 당하고만 있지 않았습니다. 시종무관장 민영환은 국민의 궐기를 호소하는 유서를 남기고 자결했으며, 유학자 황현은 지식인의 책임을 물으면서 음독하였답니다. 수많은 애국지사들이 일제의 국권 병탄을 거부하면서 생명을 내걸었지요. 그리고 해외로 망명하거나 국내에 남아서 비밀 결사를 조직하여 일제와 싸웠답니다. 그중 가장 체계적인 것이 1907년 4월에 조직한 신민회입니다. 미국에서 돌아온 안창호가 중심이 되어 전덕기·이기·양기탁·이회영·이동녕·신채호·노백린 등은 정치·경제·교육·문화의 진흥 운동을 일으킵니다. 우리나라 최초로 '민주 공화제'를 주창하면서 기관지 〈대한매일신보〉를 발행하고 평양에 대성학교, 정주에 오산학교를 세워 청년 교육을 실시합니다. 아울러 평양과 대구에 태극서관을 설립하여 문화 운동에 힘쓰지요.

우리 독립운동사에서 신민회가 가지는 가장 큰 의미는

국가 형태를 민주 공화제로 설정한 일과 만주에 무관학교를 설립하여 무장 독립 전쟁을 수행하기로 결의한 사실입니다. 조선왕조 500년 동안 유지해 온 봉건 군주제 대신 국민이 주인이 되는 민주 공화주의를 내세운 것입니다.

한편 독립운동가들은 해외로 망명하여 의병 전쟁을 계속하거나, 이회영 일가처럼 전 재산을 털어 독립군을 양성합니다. 한인 학교나 교회를 세우기도 했지요. 국내에서도 비밀결사를 통해 농민·노동 운동을 전개했답니다.

이러한 노력의 결과 전면적인 항일 투쟁이 일어납니다. 1919년의 3·1 혁명은 일제 식민 지배를 거부하고 자주독립을 선언한 한민족의 거족적인 저항이었습니다. 이 책에서는 '3·1 운동'을 '3·1 혁명'으로 표기했습니다. 일제 식민 통치를 거부하고 '민주 공화주의'의 새 길을 연 거족적인 저항이 '운동'일 수는 없지요. 그래서 '3·1 혁명'이라 불러 마땅합니다. 당시 2000만 민중 가운데 10분의 1 이상이 참여했지요. 전국을 휩쓴 3·1 혁명의 규모는 엄청났습니다. 집회 횟수 1542회, 참가 인원 202만 명, 사망자 7500명, 부상자 1만 6000명, 검거된 사람 4만 7000명, 불탄 교회 47개 소 등이었답니다.

세계 민족 해방 운동사상 이토록 많은 국민이 외적에 대항하여 싸운 일은 흔치 않지요. 이에 앞서 만주에서는 독립운동가들이 1919년 1월 '대한 독립선언서'를, 같은 해 2월 일본에서는 유학생들이 '2·8 독립선언서'를 발표하였지요. 이런 저항 운동이 '3·1 기미 독립선언서' 발표로 이어진 것입니다.

3·1 혁명으로 임시정부 세우다

3·1 혁명의 가장 큰 의미는 일제의 식민 통치를 거부하면서 자주독립을 선언하고 민주 공화제를 주창한 것입니다. 마침내 3·1 혁명의 결실로 1919년 4월 중국 상하이에서 대한민국 임시정부가 수립되었습니다. 망국 9년 만에 비록 해외지만 우리 손으로 우리의 정부가 세워졌지요. 그것도 조선 왕조를 계승하는 군주제가 아니라 민주 공화제로 하고 나라 이름을 '대한민국'으로 정한 새 나라 정부를 수립한 것입니다.

3·1 혁명 후 국내외에서 8개의 임시정부가 각각 수립되거나 발표되었지만, 나중에 상하이의 대한민국 임시정부로 통합됨으로써, 임시정부는 한민족의 주권과 법통을 승계하게 된 유일 정부가 됩니다. 오늘 우리 대한민국은 바로 임시정부를 승계한 것입니다. 임시정부가 대한민국의 뿌리인 셈이지요.

임시정부는 여러 가지 이념과 사상을 가진 독립운동가들이 참여하는, 사실상 조선 민족의 대표 기관이 되었답니다. 일제의 탄압 속에서도 조국의 독립운동을 줄기차게 진행했지요.

만주에서는 우리 청년들이 온몸을 던져 일제를 타도하기 위한 의열단을 결성하고, 국내외에서 크고 작은 의열 투쟁과 무장 전쟁이 전개됩니다. 특히 우리 독립군이 1920년 봉오동 전투와 청산리 대첩에서 나라를 빼앗긴 이래 처음으로 일본 정규 부대를 격파하는 전과를 올려요.

우리 민족의 독립운동은 전 지구적으로 진행됩니다. 중국·일본·러시아·미국·캐나다 등 동포들이 사는 곳에서는 빠짐없이 항일 운동이 전개되고, 독립 기금을 마련하여 임시정부에 보내기도 했지요.

1937년 7월 7일 중국 베이징 부근 노구교에서 일본군이 군사 행동을 도발하면서 중·일 전쟁이 발발합니다. 우리 독립운동가들에게는 좋은 계기였지요. 중국 정부와 인민들이 한국 독립운동가들과 임시정부를 지원하게 된 것입니다. 1940년 임시정부는 광복군을 창설하여 국내 진공 작전을 준비합니다.

　　중·일 전쟁을 계기로 그간 이념에 따라 갈렸던 독립운동의 단체들, 특히 좌파적 정당이었던 조선혁명당과 아나키즘 계열의 인사들까지 임시정부로 들어옵니다. 명실상부하게 좌우합작 정부가 성립한 것이지요. 임시정부 산하의 광복군도 더욱 강화되어 국내 진공의 날을 기다리게 됩니다.

　　1941년 12월 7일 일본이 하와이 진주만을 기습 공격하면서 미·일 전쟁이 시작됩니다. 이것은 임시정부와 독립운동가들이 기대했던 일입니다. 임시정부는 즉각 일본에 선전 포고를 하는 한편 전시 내각을 강화합니다. 한편 일제의 패망에 대비해 광복 후 대한민국의 '건국 방략'을 제시하지요. 하지만 1945년 8월 일본 본토에 원자폭탄이 터지고 일제가 미국에 항복하면서 이러한 노력들은 수포로 돌아갑니다.

　　38도선을 경계로 미군과 소련군이 남과 북에 각각 진주하면서 우리나라는 꿈에도 그리던 통일 조국 대신에 분단국이 되지요. 미국이 임시정부를 인정하지 않고 정부 요인들을 '개인 자격'으로 들어오도록 하면서, 27년 동안 일제와 피나게 싸워 온 임시정부는 해방 공간에서 그 기능을 잃게 됩니다.

대한민국 독립운동의 의미

해방과 더불어 남한에서는 미군정이 실시되고, 신탁 통치(연합국이 한국을 최대 5년 동안 통치하는 것) 문제를 둘러싸고 찬탁과 반탁으로 나뉘어 혼란이 지속됩니다. 독립운동가들이 중심이 되어 매국노 친일파를 척결했어야 함에도 이 문제는 뒷전에 밀리고 찬·반탁 투쟁이 이슈가 되고 말지요. 그러는 사이 친일파들이 미군정과 결탁하고 주도권을 잡기 시작합니다.

1948년 8월 15일 남한에 대한민국 정부가 수립되고, 북한에는 같은 해 9월 9일 조선민주주의 인민공화국이 수립됩니다. 그리고 2년 후 1950년 6월 25일 북한군의 남침으로 전쟁이 일어나지요. 이러한 역사적 소용돌이 속에서도 친일파 척결을 위한 노력은 있었습니다. 대한민국 제헌 헌법에는 친일파·민족 반역자들을 처벌하기 위한 조항이 있었고, 이에 따라 '반민족행위자 처벌을 위한 특별위원회(반민특위)'가 구성되지요. 그러나 초대 대통령 이승만이 친일파들을 중용하고 감싸면서 반민특위는 경찰에 의해 짓밟히고, 한 사람도 처벌하지 못한 채 좌절됩니다. 이렇게 친일 세력들은 기득권을 이어갑니다. 일제 강점기에 취득한 재산과, 해외 유학 등의 기회로 얻은 고등 교육, 기술·정보 등으로 신생 대한민국의 주류가 되지요.

반면 독립운동가들의 수난은 해방 이후에도 계속됩니다. 소수를 제외하고는 대부분 이승만 정부로부터 냉대를 받거나 6·25 전쟁 때 납북된 분들이 많답니다. 심지어 임시정부를 이끌었던 김구 주석은 친일파와 이승만 추앙 세력에게 암살당해요. 이승만이 1960년 4·19 민주 혁명으로 쫓겨나자 김구 암살의 진상을 규명하자는 운동이 전개되었으나, 일본군 장교 출신들과 박정희가 중심이 되어 일으킨 1961년 5·16 군부 쿠데타로 이마저 좌절됩니다.

　　일제 협력자들과 일본군 출신들이 장기간 권력을 장악하면서 독립운동가와 그 후손들은 궁핍한 생활을 면치 못합니다. 독립운동을 하느라 자식들을 가르치지 못하고, 물려줄 유산도 없다 보니 후손들 대부분이 어려운 생활을 하게 돼요. 이렇게 친일파 후손들은 대를 이어 부귀영화를 누리고, 독립운동가 후손들은 대대손손 가난과 병고에 시달리게 되는 부끄러운 일이 이어집니다. 민족정기가 사라지고 역사 정의가 훼손된 셈이지요.

　　제2차 세계대전 후 식민지에서 해방된 나라들은 대부분 민족 반역자들을 엄격하게 처벌했는데 우리는 그러지 못했어요. 그나마 다행인 것은 노무현 정부에서 '친일 반민족행위 진상규명 위원회'가 구성되어, 악질적인 친일파 1400여 명을 가려내고, 시민 단체인 민족문제연구소가 중심이 되어 전문가들이 『친일인명사전』을 제작, 4500여 명의 반민족 친일파들의 죄상을 낱낱이 기록한 일입니다. 뒤늦게나마 '역사의 심판'을 내린 것이지요.

　　안타깝게도 일제 강점기 친일 세력은 해방 후에도 건재합니다. 대한민국 사회의 주류로 남아 부와 권력을 차지해 왔어요. 하지만 역사에서도 그럴까요? 우리의 근현대사는 그들의 행태를 또렷하게 기억하고 있습니다. 친일 세력들은 역사에서 죄인에 불과합니다. 주인공은 엄연히 독립운동가들이에요. 그들의 투쟁은 때로 좌절했지만 결국 빛나는 성취를 이루며 역사의 진보에 기여해 왔지요. 대한민국 헌법 전문에는 임시정부의 법통을 잇는다고 명시되어 있습니다. 오늘날 우리가 독립운동의 정신과 역사를 제대로 알아야 하는 이유입니다.

1부
민족의 불꽃

3·1 혁명과 독립운동

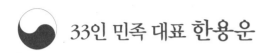

33인 민족 대표 한용운

승려 생활을 접고 세상과 마주하다

한용운은 「님의 침묵」이라는 시로 잘 알려졌지요. 시인이자 불교학자로 불교의 개혁을 주창한 『조선 불교 유신론』의 저자이기도 합니다. 1919년 3·1 혁명 당시 불교계를 대표하여 민족 대표 33인으로 참여했습니다. 일제 강점기에 국내에 거주하면서 끝까지 일제와 싸운 의기 넘치는 민족의 지도자였지요.

한용운은 1879년 8월 29일 충청남도 홍성군 결성면 성곡리 491번지에서 아버지 한응준과 어머니 방씨 사이에서 둘째 아들로 태어납니다. 한용운의 아버지와 큰아버지는 정의감이 강한 사람이었다고 해요. 선대는 중앙에서 행세하는 집안이었으나 그가 태어날 즈음에는 몰락한 시골의 양반일 뿐이었지요.

어릴 적 이름은 '유천'이며 불교에 입문하여 득도할 때의 계명은 '봉완', 법명이 '용운', 법호는 '만해'입니다. 흔히 법호에 따라 만해 스님, 만해 선사로 불립니다. '선사'란 덕이 높은 스님을 일컫는 말로 우리나라 불교계에서 이런 칭호를 받은 분은 흔치 않습니다.

한용운은 어려서 한문을 배우고 중국의 고전 『서상기』와 『자치통감』, 『서경』 등을 읽었다고 합니다. 14세 때에는 고향에서 전정숙과 결혼합니다. 당시의 조혼 풍습대로였지요. 18세에는 서당에서 마을 아이들을 가르칩니다. 청년 교사가 된 것이지요. 한편 의병 활동도 합니다. 아직 입증할 만한 기록은 없지만, 인근인 홍주에서 의병이 일어나자 이들과 호방을 습격, 1000냥을 탈취해서 군자금으로 사용했다는 것이 정설로 여겨집니다.

　　　그 시절 우리나라의 사정은 대단히 어려웠습니다. 일본 제국주의가 한반도 침탈을 준비하던 시기였지요. 한용운이 태어나기 3년 전인 1876년 강화도조약이 체결되고 이를 전후로 전국 각지에서 민중 봉기가 일어납니다. 대표적인 게 1894년 1월에 일어난 동학 농민 혁명이지요. 이듬해인 1895년에는 일본 수비대·낭인들에 의해 명성황후가 무참하게 시해되고 단발령이 내려지면서 전국적으로 의병이 일어납니다. 민족의 운명이 풍전등화에 놓여 있을 무렵, 아버지는 어린 아들을 불러 놓고 세상 이야기를 해 주곤 했답니다. 훗날 한용운은 그 시절을 이렇게 회고합니다.

나는 선친에게서 조석으로 좋은 말씀을 들었다. 선친은 서책을 읽다가 가끔 어린 나를 불러 놓고 역사상 빛나는 의인·걸사의 언행을 가르쳐 주시며 세상 형편, 국내의 정세를 알아듣도록 타일러 주셨다. 이런 말씀을 한 번 두 번 듣는 사이에 내 가슴에는 뜨거운 불길이 타오르고, '나도 의인·걸사와 같은 훌륭한 사람이 되었으면…' 하는 생각이 떠오르곤 했다.

　　　남달리 모험심과 의협심이 강했던 한용운은 시골구석에서 가만히 앉아 있을 수 없다고 생각했습니다. 무작정 한양(서울)으로 떠나지요. 배고픔과 먼 길에 지쳐 수원 근방 여관에서 하룻밤을 묵으면서 곰곰 생각합니다.

　　　'빈손에 한학의 소양밖에 없는 내가 무슨 힘으로 나랏

일을 도우며 큰일을 할 수 있단 말인가. 나는 지금 어디로 가고 있는가. 한양에만 가면 모든 것이 해결된다는 말인가?'

궁리 끝에 한용운은 한양 대신 이름난 도사가 있다는 강원도 오대산 월정사로 발길을 돌립니다. 여러 날을 걸어서 월정사에 도착했으나 도사는 없었어요. 실망한 그가 이번에는 백담사를 찾아가요. 거기서 당시 주지였던 연곡 스님을 만나 자신이 찾아온 뜻을 전하자, 스님은 따뜻하게 맞아 주고 불교에 입문시켜 줍니다. 이때가 1904년, 한용운의 나이 26세 되던 해입니다. 이렇게 하여 그는 백담사에서 연곡 스님의 가르침을 받게 됩니다. 이듬해 1월 한용운은 영제 스님으로부터 수계를 받고, 법명을 '용운' 법호를 '만해'로 정합니다. 승려가 된 것입니다.

민족 대표 33인 중 불교계를 대표하여 3·1 독립선언을 이끈 한용운.

한용운이 백담사에서 승려 생활을 할 무렵 나라의 운명은 더욱 어려워지고 있었습니다. 을사늑약으로 외교권을 빼앗기고, 군대가 해산되고 사법권도 빼앗깁니다. 아무리 산중의 승려라 하더라도 의협심이 강한 한용운으로서는 불도에만 정진하고 있을 수가 없었지요. 28세가 되던 해 한용운은 세계 여행을 계획합니다. 국제 정세를 알고 드넓은 세계와 부딪히고자 했던 거예요. 『음빙실문집』(중국의 근대 사상가 량치차오의 저작집), 『영환지략』(청나라 서계여가 지은 세계 지리책) 등 그동안 읽은 책들도 이러한 결정에 많은 영향을 끼친 듯합니다.

한용운은 원산에서 배를 타고 러시아령 블라디보스토크로 건너갑니다. 그런데 승려 차림의 한용운을 매국노 단체인 일진회의 회원으로 오해한 현지 동포 청년들에게 맞아 죽을 뻔한 사건이 생깁니다. 간신히 빠져나온 한용운은 서둘러 귀국하지요. 그러고는 다시 일본으로 향합니다.

시모노세키를 거쳐 도쿄로 간 한용운은 조동종(일본의 불교 종파) 종무원을 찾아갑니다. 그곳 대표자의 주선으로 대학에 입학하여 일본어와 불교를 공부해요. 일본인 교수들과도 교우 관계를 맺고 서양에서 들어온 선진 문물을 경험합니다.

당시 일본인들은 최첨단 측량기를 갖고 있었습니다. 이걸로 한국 농민들의 토지를 측량하고는 멋대로 갈취했지요. 한용운은 귀국할 때 이 측량기를 가져와 서울 청진동에 '경성명진측량강습소'를 차리고 청년들에게 측량 기술을 가르칩니다. 한국 농민들의 토지를 지켜 주겠다는 생각에서였지요.

그러나 얼마 후 조선은 일본의 식민지가 됩니다. 전국적인 의병 활동과 독립운동가들의 거센 저항에도 강제 병탄이 이루어져요. 그해 가을, 통분을 이기지 못한 한용운은 만주로 떠납니다. 그곳 동포들에게 고국의 소식을 전하고 독립운동을 함께하기 위해서였지요. 여러 지역을 순방하면서 일제와 싸우는 독립군을 만나게 됩니다. 하지만 어쩐 일인지 이번에도 일본 첩자로 오인을 받아요. 하마터면 동포의 총에 죽을 뻔해요.

서울로 돌아온 한용운은 강원도 장단군 화산강숙의 강사에 취임하여 불도들에게 불법을 가르치는 한편 백담사에서 『조선불교 유신론』을 씁니다. 조선 불교 개혁을 주창한 선구적인 책으로 지금도 많이 읽힙니다.

한용운은 '학승'이었습니다. 공부를 많이 한 승려를

'학승'이라 부르지요. 그는 불교 경전을 대중화하기 위해 『불교대전』을 간행하고, 양산 통도사에 소장된 대장경 1511부 6802권을 열람합니다. 1914년 서른여섯의 나이에 조선불교회 회장에 취임하고, 내장사·화엄사·통도사·송광사·범어사·쌍계사·백양사·선암사 등을 돌며 강연하면서 불승들의 독립 정신을 고취시킵니다. 1917년부터 불교 전문 월간지 〈유심〉을 창간하고, 이 무렵 『채근담』이라는 책을 발행하여 식민지 백성들의 정신 교육에 헌신합니다.

3·1 혁명에 앞장서다

한용운은 1919년 3·1 혁명의 지도자가 됩니다. 유교계와 불교계 지도자의 접촉 책임을 맡기도 한 그는 민족 대표 33인으로서 최남선이 쓴 '기미 독립선언서'에 '공약 3장'을 추가합니다. 그 내용은 다음과 같아요.

■ 오늘 우리의 거사는 정의·인도·생존·존영을 위하는 민족의 요구이니
　오직 자유의 정신을 발휘할 것이오, 결코 배타적 감정으로 일주하지 말라.

■ 최후의 한 사람까지 최후의 일각까지 민족의 정당한 의사를 쾌히 발표하라.

■ 모든 행동은 먼저 질서를 존중하여 우리의 주장과 태도를
　어디까지나 광명정대하게 하라.

민족 대표들은 이날 오전 서울 태화관에서 독립선언식을 거행합니다. 이로 인해 일제로부터 심한 고초를 겪게 되지요. 특히 한용운의 '공약 3장'이 내란을 선동했다는 이유로 33인 민족 대표 중 가장 무거운 3년형을 선고받습니다.

서대문형무소에 갇힌 그는 누구보다도 당당하게 옥살이를 합니다. 변호사를 대지 말 것, 사식을 시켜 먹지 말 것 등의 행동 지침을 제시하고 스스로 이를 실천합니다. 일본인 간수들이 놀랐을 정도였지요. 그러면서 "당신은 왜 독립선언을 했는가?"라는 일본인 검사의 질문에 답하고자 '조선독립이유서'를 씁니다. 감옥에서 참고 자료 하나 없이 쓴 이 글은 우리 독립운동사에 길이 남을 명문으로 전해집니다.

한용운은 이 글을 몰래 필사하여 면회 온 사람을 통해 상하이에 있는 임시정부로 보냅니다. 〈독립신문〉에 전문이 게재

한용운의 출옥과 관련한 신문 기사.

되면서 일본 정부를 깜짝 놀라게 하고 중국과 미주 지역 신문에까지 실리면서 독립운동가와 교포들에게 희망과 용기를 줍니다.

이 사건으로 한용운은 더욱 심한 고문과 감시를 받게 되지만 그는 털끝만큼도 굴하지 않았어요. 그만큼 용기와 결기가 대단한 분이었지요. 협박이 먹히지 않자 일제는 3·1 혁명을 반성한다는 내용의 참회서를 쓰면 풀어 주겠다고 회유합니다. 한용운은 이를 단호히 거부하고 끝까지 옥고를 치르지요.

한용운은 석방된 후에도 독립운동을 멈추지 않습니다. 1923년에는 조선물산 장려운동을 적극 지원하고, 민립대학 설립운동을 지원하는 순회강연을 하지요. 조선불교청년회 총재에 취임하여 불도는 물론 일반 민중의 계몽과 불교 대중화에 전력합니다. 〈시대일보〉가 운영난에 빠지자 이를 인수하여 정론지로 만들고자 하지만 일제의 방해로 뜻을 이루지는 못합니다.

한용운이 「님의 침묵」을 쓴 것이 1925년, 그의 나이 47세 때입니다. 시의 앞부분을 들어볼까요?

님은 갔습니다. 아아, 사랑하는 나의 님은 갔습니다
푸른 산빛을 깨치고 단풍나무 숲을 향하여 난 작은 길을 걸어서
차마 떨치고 갔습니다
황금의 꽃같이 굳고 빛나던 옛 맹서는 차디찬 티끌이 되어서
한숨의 미풍에 날아갔습니다
날카로운 첫 키스의 추억은 나의 운명의 지침을 돌려 놓고
뒷걸음쳐서 사라졌습니다
나는 향기로운 님의 말소리에 귀먹고 꽃다운 님의 얼굴에
눈멀었습니다

여기서 '님'은 부처, 정의, 진리 등 여러 가지로 볼 수 있지만, 보통 '빼앗긴 조국'으로 해석합니다. 지은이의 나라 사랑이 고스란히 느껴지는 대목이지요.

1920년대 후반이 되자 독립운동의 양상은 새롭게 변합니다. 민족주의 계열과 사회주의 계열로 두 세력이 힘을 합치기로 한 것입니다. 1927년 2월 '민족단일당 민족협동전선'을 표방하면서 단일한 독립운동 조직인 '신간회'가 출범합니다. 명실상부한 전 조선 민족 운동 단체였습니다. 천도교계와 불교계 인사들도 참여했는데 한용운은 여기서 중앙집행위원 겸 경성(서울)지회장에 선임되어 활동합니다. 1931년 해체되기까지 한용운은 강연회 등을 통해 신간회 활동에 열정을 바칩니다.

1929년 11월 3일 '광주 학생운동'이 일어났을 때는 김병로 등과 학생 지도자들을 격려하면서 학생운동의 전국화를 시도하기도 합니다. 당시 전라도 광주에는 광주고보, 광주농업학교, 전남사범학교, 광주여고보 등에 독서회가 조직되어 민족의식을 일깨우고 있었습니다. 그러다 일본인 남학생들이 조선인 여학생들을 괴롭힌 사건이 발단이 되어 한·일 학생 간에 대규모 충돌이 일어나면서 전국적인 반일 운동으로 번지게 되지요.

1930년대에 이르러 한용운은 인생의 전환점을 맞습니다. 1933년 55세의 나이에 평생의 반려자를 만나게 돼요. 그전에 한 번 결혼한 적이 있었습니다만, 소년 시절에 부모의 강요로 인한 혼인이었으며 산속으로, 해외로 떠도느라 결혼생활이 오래가지 못했습니다. 이후 홀로 지내던 중 유숙원 여사를 만나게 된 것입니다. 그때 주변의 많은 도움이 있었습니다. 벽산 스님이 집터를 기증하고 유지들이 도움을 주어 서울 성북동에 보금자리를 마련하지요.

'심우장'이라고 이름 붙인 이 집과 관련하여 한 가지 일화가 전합니다. 공사가 한창일 무렵, 한용운이 지방을 다녀오는 사이 목수가 남쪽으로 창을 냅니다. 그런데 돌아와서 이를 확인한 한용운이 집을 헐고 다시 지으라고 합니다. 이유는 오직 하나, 그쪽이 바로 총독부가 보이는 방향이라는 이유예요. 총독부를 마주하고 살 수는 없다는 한용운의 결기가 묻어나는 이야기입니다.

몇 가지 일화를 더 말씀드리겠습니다. 한용운이 신간회 경성 지회장으로 있을 때입니다. 신간회의 공문을 전국에 돌려야 할 일이 생겨서 인쇄에 들어갑니다. 그런데 공문을 담은 봉투 뒷면에 일본 연호인 '소화'가 적혀 있어요. 이것을 본 한용운은 1000여 장이나 되는 봉투를 두말없이 아궁이 속에 처넣고 태워 버립니다. 눈으로 이 광경을 지켜보던 사람들에게 한용운은 "소화(昭和)를 소화(燒火)해 버리니 시원하군!" 하고는 훌훌 사무실을 나가 버렸답니다.

한 번은 이런 일도 있었어요. 어느 날 길을 가던 한용운이 변절자 최남선과 마주칩니다. 그는 3·1 독립선언서를 짓기도 한 독립운동가였지만 말년에 친일파가 되었지요. 모르는 척 지나가려는 한용운을 최남선이 가로막고 인사를 합니다. 이어지는 대화를 들어볼까요.

"만해 선생, 오래간만입니다."
"당신 누구요?"
"나 육당 아닙니까?"
"육당이 누구시오?"
"최남선입니다. 잊으셨소?"
"내가 아는 최남선은 벌써 죽어 장송했소."

그러고는 가던 길을 재촉했답니다.

불의와 타협할 줄 몰랐던 한용운은 민족혼과 부처님의 참 정신을 지키고자 평생을 헌신합니다. 신문과 잡지에 불교의 교리를 비롯하여 시론, 시, 소설, 산문 등을 쓰지요. 그의 글은 문학·예술 등 여러 방면에서 빛을 발합니다.

1936년에는 독립운동가 여운형이 경영하는 〈조선중앙일보〉에 『후회』라는 장편 소설을 연재했습니다. 그런데 안타깝게도 베를린 올림픽에서 우승한 손기정 선수의 가슴에서 일장기(일본 국기)를 삭제했다는 이유로 신문이 폐간되면서 소설도 미완에 그치고 말아요.

위대한 독립운동가 단재 신채호의 비문도 한용운의 작품입니다. 비문의 글씨는 독립운동가 오세창이 썼지요. 신채호가 중국 뤼순감옥에서 옥사하여 유족이 어렵게 유해를 고향으로 모시게 됐지만, 일제는 끝내 이 비석을 세우지 못하게 막아요.

어느 해에는 만주에서 독립운동을 하던 김동삼이 붙잡혀 와서 서대문형무소에서 옥사하는 사건이 발생합니다. 국내에 유족이 없고, 지인들은 일본 경찰의 후환이 두려워 시신을 인수할 사람이 없는 상황이었어요. 이 소식을 들은 한용운은 혼자 서대문형무소에 찾아가 시신을 둘러업고 심우장까지 걸어왔습니다. 그리고 손수 묏자리를 파고 장례를 지냈지요.

끝까지 지조를 지킨 불교 지도자

1941년 일본이 미국의 진주만을 공습하면서 태평양 전쟁이 시작됩니다. 총독부의 억압과 수탈은 날이 갈수록 심해지지요. 이른바 사회 명사라는 자들은 신문·방송을 통해 청년들에게 전쟁에 나가라고 선전하고, 꽃다운 한국의 처녀들이 '일본군 강제 성노예'로 끌려가요. 농작물은 물론 놋쇠 그릇까지 뒤져서 빼앗아갑니다. 그뿐인가요. 아예 민족성 자체를 말살시키려고 합니다. 이름을 일본식으로 바꾸라 하고(창씨개명), 학교나 모든 기관에서는 우리말을 쓰지 못하게 합니다.

일제의 수탈과 탄압은 극에 달하고 옛 동지들, 지도자, 승려들도 슬그머니 친일로 돌아설 때 한용운은 지조를 지켜요. 창씨개명을 거부하고 징용·징병을 호소하는 강연 활동을 거부합니다. 그러다 마침내, 민족의 아픔에 기력을 잃은 한용운은 그토록 열망하던 민족의 해방을 보지 못한 채 입적합니다. 해방을 1년 앞둔 1944년 6월 29일 향년 66세였지요. 유해는 미아리 화장장에서 다비(불교식 화장)를 치른 후 망우리 공동묘지에 안장되었습니다.

한용운은 조선 불교가 일제와 결탁하여 호국 불교의 전통을 잃어 갈 때 「불교유신」을 통해 "진실로 본래의 생명을 회복하고자 할진대 재산을 탐하지 말고 이 재산으로써 민중을 위하여 불법을 넓히고 도를 전하는 실제적 수단으로 삼아야 한다"고 설파하였지요.

그렇듯 분연히 일어나 온갖 고난을 극복하면서 독립운동을 전개하던 그는 자신이 지은 시처럼 그렇게 떠나갑니다. 한용운의 입적 소식을 들은 위당 정인보는 다음과 같은 시 한 수를 그의 영전에 바칩니다.

풍란화 매운 향내 당신에게 견줄쏜가
이날에 님 계시면 별도 아니 더 빛날런가
불토(佛土)가 이외 없으니 혼아 돌아오소서

혁명의 중심에 선 민족의 지도자 손병희

서자로 태어나 차별에 눈뜨다

1919년 3월 1일 발표한 '기미 독립선언서'의 민족 대표 33인 중 첫 자리에 이름을 올린 의암 손병희는 당시 민족 종교인 천도교의 대표였습니다. 천도교는 조선 말기에 수운 최제우가 창도한 동학을 제3대 교조 손병희가 이름을 바꾸고 재건한 것입니다.

손병희는 1861년 4월 8일 충청북도 청원군 북이면 대주리에서 아버지 손두홍과 어머니 정주 최씨 사이에서 태어납니다. 의암이란 호는 스승이자 제2대 교조인 해월 최시형이 지어 준 것입니다. 천도교에서는 의암선사로 존칭합니다.

손병희의 선대는 중인 계층이었습니다. 손병희는 형제로 이복형인 손병권, 동복 동생으로 손병흡이 있었는데 어머니가 두 번째 부인이라는 이유로 차별대우를 받으며 자랍니다. 당시 재혼한 여성은 가정은 물론 마을에서까지 심하게 차별했어요. 봉건적인 유교 질서에서 비롯한 잘못된 풍습이었지요. 그야말로 '호부호형'을 못하는 처지이다 보니 어린 나이에도 봉건적 관습과 사회적 부조리에 저항하는 마음이 생겼겠지요.

손병희는 남달리 눈빛이 초롱초롱하고 덩치가 컸다고 합니다. 그러나 양반과 상놈, 적자와 서자라는 신분의 굴레는 어린 손병희를 좌절시킵니다. 아무리 열심히 해도 관직에 들어갈 수 없는 서자 출신임을 비관하면서 글공부보다는 악동들과 어울려 술을 마시거나 노름을 하는 날이 많았지요. 하지만 그에게는 착한 마음씨와 용기가 있었어요. 이것은 훗날 그가 현실에 굴하지 않고 큰 인물이 된 원동력이 됩니다. 이와 관련해 몇 가지 일화를 소개하지요.

어느 날 친구가 걱정스러운 표정으로 찾아옵니다. 아버지가 관가의 돈 100냥을 축내어 감옥에 갇히게 되었다는 것입니다. 손병희는 친구에게 한 가지 방법을 알려 줍니다. 자기 집에 100냥의 돈이 있으니 몰래 가져가라는 겁니다. 친구는 일러 준 데로 합니다. 덕분에 친구의 아버지는 풀려나지요. 한편 손병희의 집에서는 난리가 납니다. 결국 손병희가 사실을 털어놓자 아버지는 친구가 어려울 때 돕는 것이 사람의 도리라며 오히려 칭찬을 합니다.

다음과 같은 일화도 전해집니다. 어느 날 손병희는 청주 지방의 관리로 있는 형의 심부름으로 공금 40냥을 가지고 관가로 갑니다. 그런데 도중에 이웃 마을 입구에서 정신을 잃고 눈길 위에 쓰러져 있는 사람을 만나요. 손병희는 망설임 없이 이 사람을 둘러업고 근방의 주막으로 갑니다. 주인에게 이 사람을 맡아 달라 하지요. 그러나 생판 낯선 사람을 누가 맡아 주겠습니까. 손병희는 30냥을 꺼내면서, 이 돈으로 음식을 먹이고 치료해 줄 것을 당부합니다. 그리곤 남은 10냥만을 관가에 갖다 주지요. 저녁에 퇴근한 형에게 자초지종을 얘기하니 형이 크게 노합니다. 그러나 한편으로는 동생의 착한 마음씨에 감동하지요.

손병희는 결혼 과정에도 의외의 사연이 있습니다. 청주 북면 청하리에 사는 곽씨가 혼사 일로 손병희 집을 찾아왔답니다. 그런데 막상 사위 될 사람이 서자라는 것을 알게 되자 그냥 돌아가요. 길목을 지키던 손병희가 곽씨를 가로막고 따집니다. 하지만 곽씨는 서자에게 딸을 맡기지는 못하겠다고 하지요.

　　손병희는 얌전하고 단호하게 말합니다. "선본 값을 내던지, 혼인을 승낙하시던지, 그것도 아니면 내 주먹맛이라도 한 번 보고 가셔야 합니다." 황당했지만 곽씨는 손병희의 용기와 의기를 높이 사서, 혼인을 승낙합니다. 혼인 허락을 받은 손병희는 마침내 무릎을 꿇고 자신의 무례함을 용서해 달라고 빌어요. 이런 우여곡절 끝에 손병희는 15세가 되던 해 곽씨의 딸과 결혼합니다. 신부는 3년 연상이었어요.

　　손병희는 부당한 차별에 대항했습니다. 문중에서 제사를 지낼 때도 그랬습니다. 혼인한 성년이 되었기에 제례에 참석하려는 그에게 문중의 어른들이, 감히 서자가 묘역에 올라왔다면서 쫓아내려 합니다. 손병희는 물러서지 않아요. "나도 손씨 가문의 뼈를 받아서 태어났는데, 조상에게 참배도 하지 못하게 하면, 부득이 나한테 뼈를 주신 조상의 뼈라도 파가서 별도로 산소를 모시고 참배를 하겠다"면서 곡괭이를 들어 산소의 한쪽을 파헤치려고 합니다. 이를 지켜본 문중 어른들은 결국 참배를 허락하면서, 당돌하고 논리가 정연한 손병희의 언행에 혀를 찼다고 합니다.

동학에 입도하여 3대 교조가 되다

　　손병희는 1882년 10월 5일 22세의 나이에 동학에 입교합니다. 사람이 곧 하늘이다, 만민은 평등하다, 신분과 적서 차별을 철폐한다, 외세와 부패 관리를 척결한다는, 동학의 기치가 그의 마음을 사로잡은 겁니다. 서자로서 설움을 받으며 자란 그에게 동학은 구세주와도 같았습니다. 입교와 더불어 그는 술과 도박을 끊고 완전히 새 사람이 됩니다. 제2대 교조인 최시형은 손병희가 새로운 세상을 열 만한 재목임을 금방 알아보고 격려합니다. 최시형은 동학의 교리와 수도하는 방법, 1대 교조인 최제우의 생애 등을 가르칩니다. 체계적인 글공부를 하지는 못했으나 어려서부터 똑똑했던 손병희는 하루가 다르게 성장합니다.

경주에서 시작된 동학이 점차 전국적으로 확대되어 갑니다. 동학은 비밀리에 지역별로 '도소'를 설치하고 평등사상과 사회 개혁 정신을 확산시킵니다. 동학은 억울하게 처형당한 교조 최제우의 신원(억울함이나 원한을 풀어줌) 운동을 전개합니다. 1892년 10월 공주에서 시작되지요. 이처럼 동학이 세력을 넓혀 나가자 탄압이 심해집니다. 동학 내에서는 폭력 투쟁을 통해 정부와 대결해야 한다는 주장과 비폭력 평화적인 방법으로 목적을 달성해야 한다는 쪽으로 갈립니다. 손병희는 후자 쪽이었어요.

한 달 후 전북 삼례에서 열린 교조 신원 운동에는 전국에서 수만 명이 참가합니다. 이 자리에서 교도들은 탐관오리 제거와 교당 설치 허가도 요구하지요. 손병희는 박광호, 손천민, 박인호 등 동학 간부들과 서울로 올라가 광화문 앞에서 통곡하면서 최제우의 신원과 교도 탄압 중지를 고종에게 상소합니다. 3일째 되는 날 고종으로부터 "고향으로 돌아가 직업에 충실하면 소원을 들어주겠다"는 답을 받지요. 그러나 막상 동학 교인들이 해산하자 조정은 대대적인 탄압을 시작합니다. 분노한 동학 지도부는 각지에 통문을 돌려 다시 교인들을 모으지요.

이듬해 3월 10일 충북 보은 장터에는 전국에서 모인 3

만여 명의 동학 교도가 '척왜척양'(왜적과 서양을 배척한다)의 기치를 내걸고 시위합니다. 이를 계기로 동학은 새로운 조직 체계를 갖추고 손병희는 '충의대접주'가 되어 충청 일대의 지도자가 됩니다.

1894년 1월 10일 전라도 고부에서 전봉준을 중심으로 첫 봉기가 일어납니다. 그 중심 세력은 동학 교도였습니다. 전봉준도 교도였고(아니라는 설도 있습니다), 백범 김구는 황해도 접주였지요. 봉기는 농민들이 참여하면서 동학 농민 혁명으로 진행됩니다. 혁명군은 전주성까지 점령했으나, 정부가 청군을 불러오고 일본군이 들어와 현대식 무기로 동학군을 무차별 살상하면서 좌절되고 말지요. 농민군은 20~30만 명의 희생자를 내고 전봉준은 일제에 의해 사형당합니다.

손병희는 동학혁명이 좌절되면서 최시형을 모시고 피신합니다. 도중에 평안·함경도 지방을 돌면서 포교 활동을 열심히 합니다. 1897년 최시형은 손병희에게 교조 자리를 넘기고, 이듬해 붙잡혀서 순교합니다.

3대 교조가 된 손병희는 국제 정세를 살피려 미국으로 가고자 했지만 몇 가지 사정으로 일본에 체류합니다. 거기서 이상현이라는 가명을 쓰면서 망명 중인 이진호, 권동진, 오세창, 박영효 등과 교류합니다. 이때에 「삼전론」을 써요. 여기서 그는 군사를 이용한 전쟁보다 정신력과 기술, 언론의 힘을 강조합니다. 일본에 머무는 동안 손병희는 특히 교육에 관심을 기울입니다. 신학문을 알리고자 유학생 40여 명을 초청합니다.

그런 가운데 동학의 지도자인 이용구가 친일파 단체인 송병준의 일진회와 합세하여 노골적인 매국 행위를 일삼습니다. 이 소식을 들은 손병희는 동학의 이름을 천도교로 바꾸고 1906년 급히 귀국하여 이용구 등의 친일 매국 행위자 일당 62명을 출교 처분합니다. 손병희는 서울 마포에 거처를 정하고 동학 포교에 주력하며 본격적인 교세 확장 운동을 펴지요. 각급 학교에 많은 기부금을 전달하여 근대적 교육을 지원합니다. 교인 오세창을 발행인으로 하여 〈만세보〉를 발행, 국민 계몽과 동학 전파에 노력합니다. 나라를 빼앗기자 〈천도교 월보〉에 일제의 한국 강점을 반대하는 내용을 싣고 각국 영사에게 보내 협조를 요구하다가 간부들이 일제 경찰에게 붙잡혀 갑니다.

기미년 3·1 혁명의 중심에 서다

민족사에서 손병희의 큰 역할은 3·1 구국 혁명을 주도했다는 것입니다. 당시 상황은 이랬습니다. 1919년 1월 23일 고종이 갑자기 운명했습니다. 그런데 독살설이 나돌아 민중의 분노가 극에 달하였지요. 손병희는 이것을 독립운동을 일으키는 절호의 기회로 삼습니다. 그는 민족의 힘을 모으고자 민족 대연합 전선을 결성합니다. 권동진, 오세창, 최린 등과 독립운동의 방법을 논의하면서 세 가지 원칙을 제시하지요.

첫째, 독립운동은 대중화하여야 할 것.
둘째, 독립운동은 일원화하여야 할 것.
셋째, 독립운동의 방법은 비폭력으로 할 것.

이는 천도교 항일 운동의 원칙이자 3·1 독립 혁명의 원칙이 되었습니다. 3대 원칙을 정한 손병희는 천도교는 물론 기독교, 불교계 지도자들과 거족적인 독립운동 방안을 준비합니다. 민족 대표로 천도교 15명, 불교 2명, 기독교 16명이 서명하기로 합의를 보았어요. 서명 순위가 문제시되었습니다. 가나다순으로 하자는 의견도 있었지만 그러면 제자가 스승 앞에 놓인다는 반론이 있었지요. 결국 각 종교 대표자가 앞에, 나머지는 가나다순으로 서명하게 됩니다.

종교 대표자 중 누구를 앞에 둘 것이냐 하는 문제에서는, 손병희를 첫 번째로 하고, 두 번째는 기독교 장로파를 대표하여 길선우, 세 번째는 감리파의 이필주, 네 번째는 불교계의 백용성, 나머지는 가나다순으로 하기로 정합니다. 손병희의 능력과 인품, 그동안 독립운동의 역량이 높이 평가된 것이지요.

천도교 교주로서 3·1 혁명을 주도한 손병희.

서명을 마친 민족 대표 33인 중 23인은 손병희의 집에 모여 서로 인사를 나눕니다. 처음 보는 사람들이 많았지요. 이 자리에서 손병희는 "조선의 신성한 유업을 계승하고 자손만대에 독립된 나라를 물려주자"고 다짐합니다.

그러나 거사 전 갑작스레 위기가 생깁니다. 독립선언서를 인쇄하던 보성사로 한밤중에 종로경찰서 고등계 형사 신승희가 들이닥칩니다. 민족 대표 33인 중 한 분이던 보성사 사장 이종일은 즉시 손병희에게 이 사실을 전합니다. 자칫 낭패를 볼 뻔한 순간이었지요.

손병희는 즉시 신승희를 찾아가 자금으로 쓰려고 마련한 당시 돈 5000원을 그에게 주면서, 당신도 조선 사람이니 이 일을 눈감아 달라고 신신당부합니다. 이렇게 위기를 모면한 후 3월 1일 마침내 민족 대표들이 서울 인사동 태화관에 모입니다. 그곳에서 민족대 표들은 한용운의 독립선언서 낭독과 "대한 독립 만세" 선창에 이어 축배를 들고, 당당하게 일제 경찰에 끌려가지요.

손병희는 경무총감부의 신문을 받고 검찰로 송치되어 수사를 받은 후 서대문형무소에 수감됩니다. 손병희는 긴 재판 끝에 1920년 10월 경성고등법원으로부터 한용운, 권동진, 오세 창, 이종일, 함태영, 최린 등과 함께 3년형을 선고받습니다. 서대 문형무소에 수감된 손병희는 가족과의 면회도 금지당한 채 독방 생활을 합니다. 형편없는 급식과 운동 부족으로 건강이 극도로 악화되지요. 다른 분들의 상황도 마찬가지였습니다. 민족 대표 33인 중의 한 분인 양한묵은 3개월 만에 감옥에서 순국합니다.

결국 수감된 지 1년 8개월이 지난 1920년 10월 손병희 는 뇌출혈로 졸도합니다. 가족과 천도교 지도자들이 병보석을 요청했으나 일제는 받아들이지 않고 감옥 안에서 치료를 받게 합니다. 지극히 형식적인 치료에 불과했으나, 손병희는 종교의 신 앙심과 나라를 찾아야겠다는 애국심으로 버팁니다. 그러다 병 환이 악화되자 병보석으로 풀려납니다. 그후 집에서 치료를 받 다가 1922년 5월 19일 새벽 3시 민족의 큰 별 의암 손병희는 서거 합니다. 향년 62세였지요.

숨지기 전에 각계 인사들이 찾아와 걱정했어요. 그러자 병상에 누워 있던 손병희는 벌떡 일어나 "나는 아무 병도 없소. 있다면 독립병이요. 오늘이라도 나라가 독립이 되면 나의 병은 나을 것이오." 하고 말하여 문병 온 인사들을 숙연케 했답니다.

생사의 갈림길에서도 조국의 독립만을 염원했던 손병희의 드높은 독립정신을 알 수 있습니다.

장례는 일제의 삼엄한 경계 속에서 치러집니다. 그리고 6월 5일 3만여 명의 민중이 운집한 가운데 우이동 봉황각 장지에 안장되지요.

3·1 독립 혁명의 불꽃 유관순

천안 만세 운동을 주도하다

'독립운동의 불꽃-한국의 잔다르크'로 불리는 유관순은 1902년 12월 16일 충청남도 목천군 이동면 지령리에서 아버지 유중권과 어머니 이소제 사이에서 3남 2녀 중 둘째 딸로 태어납니다. 아버지는 남의 땅을 빌려서 농사를 짓는 가난한 농부였고, 어머니는 정직한 주부였지요. 선대에는 중앙에서 고위 관직을 지낸 분들이 많았답니다.

유관순은 나라가 어려운 처지일 때 태어나고 자랐어요. 5, 6세 때에는 탑원리 마을로 이사하여 살았다고 합니다. 같은 마을에 살았던 먼 조카 유제한은 어릴 적의 유관순을 이렇게 기억합니다.

관순은 어려서부터 씩씩한 장난을 좋아하고, 장난을 하면 반드시 우두머리가 되었다. 달 밝은 밤이면 완고한 어른들의 눈을 피해 가면서 동네 아이들을 데리고 앞 냇가에 있는 모래사장에 달려가서 진뺏기와 술래잡기를 하는데, 매양 대장 노릇을 하고, 줄넘기를 하면 제 길로 한길은 쉽게 뛰어넘었다. (…) 관순은 여자라기보다 차라리 남자다운 기운이 있으므로 '장난꾼'이라는 별명을 들었다. 그리고 동정심이 많아서 언제든지 남을 도와주기를 좋아하여, 심술궂게 싸우거나 부모의 말을 거슬러 근심을 끼치는 일은 도무지 없었다.

유관순은 마을에 기독교가 들어오자 가족과 함께 입교합니다. 교회당은 어린 그에게 배움터이자 놀이터였지요. 이곳에서 찬송가를 배우고 한글을 깨쳤답니다. 1915년, 그의 나이 14세 때 서울의 이화학당 보통과 2학년에 편입합니다. 교회에서 공부하고 성경을 배웠기 때문에 편입할 수 있었어요. 1918년 3월 유관순은 이화학당 고등과 1학년에 진학합니다. 그런데 이듬해 1919년 고종이 갑자기 서거하는 사건이 일어납니다. 일본인들이 커피에 독약을 타서 죽였다는 소문이 나돌았어요. 고종은 이상설, 이준, 이위종을 만국평화회의에 보내 강제로 맺어진 을사늑약의 부당함을 호소하다가 폐위당한 비운의 황제였지요.

그해 2월 8일에는 일본 도쿄 유학생 400여 명이 독립선언을 하는 등 국내외에서 독립운동이 치열하게 전개돼요. 3월 1일을 기점으로 전국적인 독립만세 시위가 벌어집니다. 3월 5일 서울에서 이화학당 친구들과 시위에 참가했던 유관순은 경무총감부에 끌려갔다가 풀려났지요. 3월 10일 각급 학교에 휴교령이 내리자, 유관순은 고향인 목천으로 내려옵니다. 그러나 여기서도 만세 운동의 물결은 이어져요. 14일 오후 4시 목천보통학교 학생들이 교내에서 시위를 벌입니다.

유관순은 각 마을을 다니며 참여를 권유합니다. 3월 31일 천안의 명산인 매봉산에 봉화가 올려지고, 4월 1일 아우내 장터에서 대대적인 시위가 일어납니다. 유관순은 선두에 서서 시위대를 이끌지요. 그러나 일제 경찰은 시위대를 총칼로 막습니다. 유관순의 아버지와 어머니가 현장에서 숨지고, 오빠 유우석은 공주에서 시위에 참여하다가 부상을 당하고 체포돼요.

일제는 그때의 상황을 다음과 같이 기록합니다.

1일 오후 1시 병천시장에서 약 3000명의 군중이 구 한국기를 선두에 세우고 운동을 개시하여, 동지(同地) 헌병주재소에 내습하여 폭행을 극렬히 하므로 중지시키고자 발포 해산시켰으나 재거(再擧)의 염려가 있어서 헌병 하사 1명, 보병 장교 이하 6명을 급행시켜서 경계 중인바, 동 4시에 다시 주재소에 살포하여 철조망을 파괴하고 구내에 몰려들어 와 소방기구를 탈취하고 계속하여 소산(小山) 헌병오장을 납거(拉去)하므로 격투 끝에 동 오장을 탈환하고 응원대와 협력하여 발포 해산시켰지만 폭도들은 지금 아직도 부근 산상(山上) 및 시장에 집합하는 불온한 형세가 있으므로 헌병 5명, 보병 약간 명을 증파하여 목하 경계 중이다.

아직도 저들은 천안에서 병천으로 통하는 전선을 절단하고 전주 1본(一本)을 절도(絶倒)하고 면사무소 및 우편소를 습격하고 있다. 진압 시에 우리 측은 부상자 1명을, 폭민 측에는 사자(死者) 13명을 냈고 아직 부상자 다수를 냈을 것으로 보인다.

유관순의 고향인 천안 병천 주민들이 4월 1일 벌인 만세 시위의 생생한 기록입니다. 일제 경찰의 보고인 점을 감안하면 실제는 훨씬 더 과격했을 것이며, 희생자와 부상자도 더 많았을 것입니다.

일제의 잔혹한 고문에 맞서다

유관순은 이날 시위로 인하여 천안헌병대를 거쳐 공주 재판소로 넘겨집니다. 검사국으로 옮겨져 혹독한 고문을 당하지요. 그러나 그녀는 조금도 굽히지 않았답니다. 재판정에서 "나는 한국 사람이다. 너희들은 우리 땅에 와서 우리 동포들을 수없이 죽이고 나의 아버지와 어머니를 죽였으니 죄를 지은 자는 바로 너희들이다. 우리들은 너희들에게 형벌을 줄 권리는 있어도 너희들은 우리들을 재판할 그 어떤 권리도 명분도 없다"라고, 오히려 호통을 쳤어요.

유관순은 당당한 법정 투쟁과 일제의 법률을 인정하지 않는다는 발언 때문에 1심에서 3년 징역형이 선고됩니다. 민족 대표들에게 출판법과 보안법을 적용하여 손병희, 최린, 권동진, 오세창, 이종일, 한용운, 함태영에게 각각 징역 3년을 선고하

서대문형무소에 갇힌 유관순의 수형 기록표.

고 나머지 인사들에게는 2년 6월부터 2년, 그리고 송진우, 현상윤 등은 증거 불충분으로 무죄를 선고한 것에 비하면 유관순에게 얼마나 가혹했던가를 알 수 있습니다.

아우내 시위 주도자들은 경성복심원에 항소하면서 서울 서대문형무소로 이감됩니다. 여기에서도 유관순은 "독립 만세"를 외치고, 조선독립의 이유와 일제의 만행을 성토합니다. 이 때문에 아우내장터 만세 시위 주동자들이 모두 공주감옥으로 이감되었지만 유관순은 혼자 서대문형무소에 남게 됩니다.

유관순이 수감된 서대문감옥 8호 감방에는 개성 만세 운동을 이끌어 낸 항일 민족 지도자 어윤희와 신관빈, 수원에서 만세 운동을 주도한 애국 기생 김향화 등 3·1 혁명의 쟁쟁한 항일 여자 투사들이 있었지요. 7호 감방에는 그의 스승 박인덕이 있었고, 그 옆에는 독립운동가 김마리아도 수감되어 있었습니다.

유관순은 재판 중에도 당당했습니다. 일본인 검사가 "너희 조선인이 무슨 힘으로 독립을 하느냐"고 모욕적인 발언을 하자, 앉아 있던 의자를 들어 검사를 내리칩니다. 재판정은 소란해지고 4년이 추가 선고되어 7년형을 받아요. 그럼에도 더는 일본의 법률에 조롱당하고 싶지 않다는 이유로 상고를 포기합니다.

수형 생활을 하면서는 더욱 강력한 투쟁으로 일제 관헌과 맞섭니다. 아침저녁으로 독립 만세를 부르다가 끌려가서 심한 구타를 당하고, 온갖 고문에도 굽히지 않자 간수들이 밥에 모래와 쇳가루를 섞어 먹이는 만행을 저지릅니다.

계속되는 악형과 영양실조로 유관순은 1920년 서대문형무소에서 순국합니다. 이틀이 지나서야 이 소식을 들은 이화학당 교장 미스 프라이와 미스 월터가 일본인 형무소장을 만나 시신 인도를 요구하지요. 하지만 일제는 이를 거부합니다. 고문으로 참혹하게 죽은 시신을 보고 또다시 만세 시위가 일어날 것을 두려워한 겁니다.

다음날 월터 교장이 "시신을 내주지 않으면 이 사실을 미국에 보고하여 세계의 여론을 일으키겠다"고 거듭 항의하자 그제야 유관순의 시신을 인도합니다. 참혹하게 죽은 유관순에 대한 사실을 세상에 알리지 말 것, 장례는 극히 소수인이 조용히 지낼 것 등의 조건을 붙이지요.

19세 꽃다운 나이로 순국

3·1 혁명 당시 일제가 한국인들을 얼마나 잔혹하게 고문했는지는 잘 알려져 있습니다. 유관순도 유사한 고문을 당했을 것이기에, 유추하기가 어렵지 않을 것입니다. 외국 신문의 기사입니다.

투옥된 여학생들은 엷은 일본복에다 일본식으로 앉게 하고 간수가 통과하면 그때마다 고두(머리를 땅에 조아림)해야 하되 만약 않는다면 뺨을 얻어맞는 것은 보통이다. 밤 10시가 되어도 눕는 것을 불허하며 (…) 경관 앞에나 조사관들 앞에서 또는 일본인들 앞에서 욕을 당하고 일본인들은 침을 뱉으며 발길로 차는 것 등은 보통이었다. 갖가지 모욕과 학대로 조롱하며 16명을 작은 방에 몰아넣어서 마치 돼지 우리 같은 데다가 식사는 콩과 소금만 주었다.

한국 독립운동가들에 대한 일제의 혹독한 고문과 비인간적 처우는 일찍이 세계적으로도 그 유례를 찾기 어렵습니다.

만세 시위에 참가한 한국인들을 무차별적으로 붙잡아서 경찰서에 가두고, 경찰 조사 과정에서부터 폭력을 휘둘렀지요. 그리고 반죽음 상태를 만들어서 재판을 받게 합니다. 들것에 실려 입장하는 경우도 적지 않았답니다.

그러나 야수적인 고문도 유관순과 독립운동가들의 뜻을 꺾지는 못했습니다. 쇠가 두드릴수록 단단해지듯이 독립운동가들은 견디기 어려운 고문에도 더욱 힘찬 독립 의지를 키워나갔지요. 유관순을 비롯하여 수많은 애국지사들이 서대문형무소와 각급 경찰서에서 극심한 고문을 당하고 옥고를 치렀어요. 고문으로 순국한 분도 적지 않았고 석방되어서도 평생 고문 후유증에 시달려야 했답니다.

3·1 독립 혁명의 불꽃 유관순은 1920년 9월 28일 오전 8시 20분 서울 서대문형무소에서 19세의 꽃다운 나이로 순국하였습니다. 이화학당에서 시신을 인수하여 수의를 만들어 입히고, 정동교회에서 김정우 목사의 집례로 장례식을 거행한 다음, 이태원 공동묘지에 안장했습니다.

항일·반독재 투사 김창숙

청년 시절 을사오적 처단 상소

우리나라 독립운동사에서 정통 유림(유학자) 출신의 독립운동가는 흔치 않습니다. 조선이 500년 동안 유교를 국교로 삼으면서 국가에 대한 충성과 부모에 대한 효도를 최상의 가치로 여겨 온 것에 비하면 이해하기 어려운 일입니다.

기미년 3·1 혁명을 지도한 민족 대표 33인 중에 유림 대표가 한 사람도 없었던 데서도 이러한 사실은 잘 나타납니다. 그런데 여기 한 사람의 예외가 있었습니다. 심산 김창숙이 바로 그분이에요. 덕분에 우리 독립운동사에서 그나마 유림의 체면이 설 수 있었습니다.

김창숙은 유학자이면서도 여느 독립운동가에 못지않은 치열한 삶을 산 분입니다. 극심한 옥고를 치르면서도 끝까지 지조를 지킨 선비였지요. 일제의 고문으로 불구가 되고 감옥에서 해방을 맞은 그는 이승만의 독재 정치에도 저항합니다.

김창숙은 1879년 7월 10일(음력) 경상북도 성주군 대가면 칠봉동 사월리에서 아버지 김호림과 안동 장씨 사이에서 외아들로 태어났습니다. 아버지는 일찍 개화한 유학자였지요. 부유하지는 않았으나 크게 어렵지도 않은 가정에서 소년기를 보냅니다. 그런데 18세가 되던 해 아버지가 별세해요. 김창숙은 뒷날 자서전에서 자신의 어린 시절을 이렇게 기록합니다.

여섯 살에 글을 배우기 시작했고, 종일토록 책을 펴보지 않아도 능히 오래도록 기억하였다. 여덟 살 때 『소학』을 읽었으나, 오로지 노닥거리기만 일삼아서 쇄소응대(집 안팎을 깨끗이 하고 웃어른의 부름에 응대함)하는 일은 달갑잖게 여겼다. 그런데 아버지와 어머니께서는 일마다 옳게 다스렸고, 늦게 둔 자식이라 해서 귀여워하여 너그럽게 하시지 않았다.

열 살 적에 아버지의 명으로 같은 마을 정은석에게 가서 가르침을 받았으나, 항상 방탕한 자를 따라 놀았다. 정 선생도 제법 엄격해서 깨우치기를 "네가 너의 아버지를 이해하지 않으니 어떻게 사람이 되겠느냐." 하였다. 이로부터 조금은 스스로 분발했으나, 그 얽매이지 않음은 그대로 전과 같았다. 열서너 살 때에 비로소 『사서』를 통독하였다. 그러나 '자신을 위하는 학문'이 어떤 것인지를 알지 못했다.

미루어 보아 김창숙은 어릴 적에 모범생이라기보다 의기가 있는 소년이었던 것 같습니다. 이후 김창숙은 당대의 큰선비로 추앙받던 곽종석, 이승희, 장석영을 찾아다니며 가르침을 받으며 동년배들과는 사뭇 다른 모습을 보입니다. 옳고 그름을 따지고 의롭지 않은 행동은 하지 않았지요.

이 무렵 외세의 침탈로 나라는 점점 어지러워지고 있었습니다. 무능한 임금과 조정 대신들은 밀물처럼 밀려드는 외세에 효과적으로 대처하지 못했어요. 김창숙은 "성인의 글을 읽고도 나라를 구제하던 성인의 뜻에 깨우침이 없으면 이것은 거짓 선비에 불과하다. 지금 나랏일을 의논하는 데에는 이런 부류의 선비를 없앤 다음에라야 비로소 나라를 다스리고 세상을 평화롭게 하는 방법을 논의하는 데에 참여할 수가 있다"면서 구국 운동에 나섭니다.

1905년 을사늑약으로 외교권을 일본에 **빼앗기자** 청년 김창숙은 스승 이승희를 따라 서울로 올라가 대궐 앞에 이릅니다. 그리고 을사오적 즉 이완용, 이지용, 박제순, 이근택, 권중현의 목을 벨 것을 청하는 상소를 올리지요. 하지만 주권을 잃은 조정에서 대답이 있을 리 없습니다. 김창숙은 스승과 함께 통곡을 하면서 고향으로 돌아오지요.

귀향한 김창숙은 "지금은 문을 닫고 글이나 읽을 때가 아니다"라고 친구들을 깨우치면서, 구국 운동 단체인 '대한협회' 성주지부를 설치하고, 인근의 지식인들을 찾아다니며 독립 사상을 일깨웁니다. '단연회'를 조직하여 담배 끊기 운동을 전개하는 한편, 이를 통해 마련한 기금으로 1909년 성주에 사립 성명학교를 세웁니다. 청년들에게 신교육을 가르치기 위해서였지요. 당시 계몽 운동과 구국 운동을 펴는 선각자들은 외세의 침략을 막으려면 국민이 깨어나야 한다면서 곳곳에 학교를 세웠습니다. 김창숙도 여기에 발벗고 나선 것이지요.

당시 우리나라에는 일본 정부에 청원서를 보내 '한·일 합방'을 주장하는 무리들이 적지 않았습니다. 이에 김창숙은 분연히 일어나 "이 역적들을 성토하지 않는 자도 역적이다"라면서, 역적을 토벌하자는 글을 지어 고을 사람들에게 돌렸지요.

그러나 기울기 시작한 나라의 운명을 몇 사람이 붙들기에는 역부족이었습니다. 결국 1910년 8월 29일 한·일 병탄이 이루어지고, 한국은 일제의 식민지로 전락합니다. 김창숙은 "나라가 이미 망했는데, 선비로서 이 세상에 사는 것은 **부끄러운 일이다.**" 하면서 매일 통곡하며 술로 세월을 보냅니다. 곁에서 이를 지켜본 어머니는 호통을 쳤지요. "나라를 빼앗겼으면 찾을 궁리를 해야지, 술이나 퍼마시고 있으면 되느냐?" 하고 말이지요. 어머니의 따끔한 질책을 받은 김창숙은 마음을 다잡고 다시 일어납니다.

33인 민족 대표 기회 잃고 '파리 장서' 준비

한·일 병탄으로 식민지가 된 한국민은 모든 주권을 빼앗긴 채 일제의 종살이를 시작합니다. 일제는 토지조사사업이라는 명분으로 농민들로부터 토지를 빼앗고, 민족주의 성향이 있는 모든 사립학교를 폐쇄했으며, 반일적인 사회단체도 모두 해체시킵니다.

1919년 2월 김창숙은 서울에 있는 친구 성태영으로부터 편지 한 통을 받습니다. 서울에서 고종 황제의 장례식 날에 모종의 거사가 있으니 급히 올라오라는 내용이었습니다. 그러나 병환에 계신 어머니를 두고 차마 떠날 수가 없었지요. 며칠 후 병세에 차도가 있어서 서울에 올라오니 33인이 서명한 독립선언서가 비밀리에 인쇄되고 있다는 사실을 알게 됩니다. 김창숙은 땅을 치고 통탄했지만 때는 이미 늦었습니다.

김창숙은 3·1 독립선언서를 읽으면서 개탄했지요. 명색이 유교의 나라인데 독립선언서에 유림 대표가 한 사람도 참가하지 못한 것은 부끄러운 일이라고 자책하고, 이후 스스로 항일운동에 적극 나섭니다. 3·1 혁명이 전국적으로 전개되자 김창숙은 은밀히 각지의 유림 대표들을 찾아다닙니다. 새로운 거사를 준비하기 위해서였지요.

그 무렵 프랑스 파리에서는 강화회의가 열리고 있었습

니다. 김창숙은 이 기회를 활용하게 됩니다. 의병 운동을 주도한 호서 지방의 김복한을 비롯하여 김덕진, 안병찬, 김봉제, 임한주, 전양진, 최중식 등 저명한 유림들과 만나 파리 강화 회의에 한국의 독립을 요구하는 서한을 보내기로 합니다. 당시 유림의 상징적인 인물인 곽종석을 찾아가서 거사를 의논했지요.

이렇게 하여 전국 134명의 유림 대표가 서명한 '파리 장서'가 작성됩니다. 일제의 불법 조약, 잔인무도함과 조선인 살육, 약탈 등을 상세히 기록합니다. 김창숙은 '파리 장서'를 가지고 홀로 상하이로 건너갑니다. 그곳에서 여러 독립운동가들과 만나 파리로 갈 것을 상의하지요. 그런데 7~8일 전에 여운형 등이 조직한 신한청년당 대표 김규식이 같은 목적으로 파리로 떠났다는 사실을 알게 됩니다. 다소 일이 꼬인 듯했지만 김창숙은 뜻을 굽히지 않지요. 그러나 세상일은 뜻만 있다고 하여 성사되는 것은 아니지요. 파리로 가자면 당장 여비가 문제이고 불어를 한마디도 모르는 처지여서 난감할 수밖에 없었습니다. 이런 사정을 들어 주위에서 출발을 만류합니다. 결국 김창숙은 각국어로 번역한 장서를 김규식에게 전달하고 국내 신문사에도 보냅니다.

그런데 국내로 보낸 '파리 장서'가 일제 경찰에 발각되어 곽종석 등 많은 서명자들이 체포되거나 해외로 망명을 하게 됩니다. 국내에서 붙잡힌 유림 중에는 일본 경찰의 심한 고문으로 죽거나 불구가 된 사람도 많았지요. 이것이 이른바 '제1차 유림단 사건'입니다.

사정이 이렇게 되자 국내에 들어올 수 없게 된 김창숙은 상하이에서 의정원(임시정부 국회) 의원으로 추대되어 대한민국 임시정부 수립에 참여합니다. 그런데 대통령에 추대된 이승만이 '위임 통치론'을 제기합니다. 이에 김창숙은 신채호 등과 함께 이승만의 반민족적인 언행을 성토합니다. 이승만과의 '악연'은 이렇게 시작되지요. 이회영, 신채호, 박용만 등 독립운동가들과 베이징으로 옮긴 김창숙은 독립군의 기지를 내몽골 자치구에 설치하기로 계획하고 기금을 준비합니다.

김창숙은 임시정부 의정원에 참여하면서도 활동의 범위가 대단히 넓었습니다. 중국 정부 요인들과 '중·한 호조회'를 만들어 두 나라 공동의 반일 운동을 지도합니다. 박은식과 혁명운동 잡지 〈사민일보〉를 발간하고, 베이징에서 신채호가 독립운동 잡지 〈천고〉를 발간할 때도 이를 지원합니다.

한편 1922년 만주에서 조직된 무장 독립운동 단체인 서로군정서의 군사 선전 위원장에 추대되어 항일 무장투쟁을 지휘하지요. 1923년에는 상하이에서 열린 국민회의 대의원으로 선출되고, 1925년에는 만주 독립군 조직의 군사부 고문에 선임됩니다. 항일 운동의 최일선에서 투쟁한 것이지요.

혹독한 고문도 꺾지 못한 유림의 기백

망명 6년 만인 1925년 8월 김창숙은 군자금 모금을 위해 압록강을 건너 국내에 잠입합니다. 각지의 유림을 만나 사정을 얘기했으나 성과는 별로였어요. 그들은 총독부에 사실이 알려질까 겁을 냈고, 오랜 식민 통치로 생활이 어려워졌기 때문이었습니다.

김창숙은 군자금 모금 활동을 벌이던 중 버스 사고로 큰 상처를 입었지만 약간의 독립 기금을 갖고 탈출합니다. 이후 중국 톈진에 머물면서 침체된 독립운동의 열기를 되살리기 위한 전술을 준비하지요. 마침 그곳에서 뜻을 같이하는 의열단원 나석주를 만납니다. 함께 한국 경제 침탈의 총본산인 동양척식회사와 조선식산은행 등의 폭파를 의논하지요. 마침내 나석주가 서울에 잠입하여 조선식산은행과 동양척식회사에 폭탄을 던졌으나 애석하게도 불발되고 말아요. 나석주는 서울 시내에서 일본 경찰 여러 명을 사살하고, 자결을 시도하지만 적들의 총탄에 부상을 입고 붙잡힙니다. 결국 병원에서 순국하지요. 나석주의 의거는 나라를 빼앗긴 국민과 실의에 빠진 독립운동가들에게 큰 용기와 희망을 줍니다. 그러나 이를 수사하는 과정에서 김창숙이 비밀리에 국내에 들어와 독립 자금을 모금한 사실을 알아낸 일본 경찰은 600여 명의 유림계 인사들을 검거합니다. 이른바 '제2차 유림단 사건'입니다.

상하이로 돌아간 김창숙은 임시정부 의정원 부의장으로 선출됩니다. 명실상부한 독립운동의 지도자가 된 것이지요. 그러나 병이 들어 영국인 거주지의 공제병원에 입원했다가 일

감옥 생활 중 이동하는 김창숙. (위쪽)

본 경찰에게 체포되고 맙니다. 1927년 5월 11일 그의 나이 49세 때입니다.

국내로 압송된 김창숙은 혹독한 고문을 받으면서 재판에 넘겨집니다. 재판정에서 신문을 받을 때도 꿋꿋하게 독립운동가의 기개를 보이지요. 그는 변호사 선임도 거부하면서 일제와 당당하게 맞섭니다. 이 같은 기백에 일제 관헌들도 놀랐다고 합니다.

1928년 12월 일제의 예심 판사는 김창숙에게 14년 형을 선고합니다. 그러나 이미 생사를 초월한 그에게 징역은 아무런 의미가 없었습니다. 기결수가 된 김창숙은 달성감옥에 있다가 대전형무소로 이감됩니다. 그곳에서 혹독한 고문으로 앉은뱅이 신세가 되고 말지만, 그의 청정한 뜻과 기백은 조금도 수그러들지 않지요.

어느 날 간수가 최남선이 쓴 「일선 융화론」(일본과 조선이 서로 융화한다는 내용)을 보여주며 감상문을 요구해요. 김창숙은 "일본에 붙어 역적이 된 자의 글"을 가져왔다며 호통을 치며 이를 집어던졌다고 합니다.

김창숙은 젊은 시절 마음을 태산같이 하여 살겠다는 뜻으로 스스로 호를 '심산'이라 지었다고 합니다. 그러다가 감옥에서 혹독한 고문으로 앉은뱅이 신세가 되자 이번에는 '벽옹'(앉은뱅이 노인)이란 호를 짓습니다.

감옥에서 김창숙은 격렬한 저항과 고문 후유증으로 생사의 기로에 섭니다. 민심을 의식한 일제 당국은 가출옥 형태로 그를 석방합니다. 일본 형사가 24시간 미행하는, 감옥 아닌 감옥 생활을 하는 동안 일제는 창씨개명을 강요하는 등 회유와 협박을 계속합니다. 일제 강점기 국내에서 활동하면서 이처럼 심한 감시와 고문, 시달림을 받은 사람도 흔치 않을 것입니다.

창씨개명을 거부한 김창숙은 망명 시절에 별세한 어머니의 묘소 옆에 오두막을 짓고 시묘살이를 합니다. 해외 망명과 감옥살이를 하느라고 21년 만에야 고향집으로 돌아와 어머니 묘 앞에 엎드린 것이지요.

그의 가족사는 불행하기만 했답니다. 어머니의 임종을 보지 못한 것은 물론이고, 1927년에는 독립운동을 돕던 큰아들 환기가 일본 경찰에 끌려가 고문 끝에 사망하지요. 둘째 아들 찬기는 1943년 충칭 임시정부로 밀파되었다가 해방되던 해 그곳에서 사망하여 유해로 돌아옵니다. 결국 막내아들 하나만 남게 되지요.

김창숙은 달성감옥에 있을 때 안타까운 마음으로 「변호사를 사절함」이라는 제목의 시를 짓습니다. 다음은 그중 일부 대목입니다.

병든 몸이 구차히 살기를 구하지 않았는데
달성 옥살이 1년이나 넘길 줄 어찌 알았으리
모친 죽고 자식 죽어 집은 이미 쓰러지고
꿈속에도 들리네 아내와 며느리 울음소리

1944년 김창숙은 여운형이 조직한 비밀 지하 독립운동 단체 '건국동맹'의 남한 책임자로 추대됩니다. 꿋꿋한 저항 정신을 높이 평가되어, 조국 해방에 대비한 조직의 중책을 맡은 것입니다. 그러나 이 일로 김창숙은 또다시 검거되어 왜관경찰서에 수감됩니다. 그때의 일에 대해 다음과 같이 쓰지요.

1945년 8월 7일 밤에 돌연히 성주경찰서에 잡혀가서 왜관서로 옮겨 갔다. 그전에 국내의 혁명 동지들이 비밀 운동 기관으로 건국동맹을 결성하고 나를 남한 책임자로 추대하였는데 이 사실이 발각되어 여러 동지들이 전부 검거되었으며, 나 역시 면치 못한 것이었다.

해방 후의 반독재 민주화 투쟁

왜관경찰서에 갇힌 지 8일 만에 일제가 패망합니다. 그토록 바라던 조국의 독립이 눈앞에 온 것입니다. 감옥을 나온 김창숙은 애국 청년들을 모아 임시 치안 유지회를 조직하여 고향을 지키도록 하고 자신은 상경길에 오릅니다. 몸이 불편했던 그는 셋째 아들 형기의 등에 업히거나 차량을 이용하여 여러 날 만에 서울에 도착해요.

김창숙은 임시정부가 귀국하자 임시정부의 국무위원으로 선출됩니다. 그리고 난립 상태의 유도회(유교 단체) 조직들을 '유도회 총본부'로 통합·개편하고 위원장으로 추대됩니다. 유림들이 일제와 줄기차게 싸우면서 조선 유교의 명맥을 지켜온 그를 새 대표로 모신 것입니다. 한편 교육 사업에도 힘써서 성균관대학을 설립하여 초대 학장으로 취임하여, 망국 시절 잃어버린 민족혼을 불어넣고자 애씁니다.

그러나 이러한 노력에도 나라 사정은 점점 나빠집니다. 김구, 김규식 등과 함께 단독정부 수립에 반대하였으나 김구가 암살되고 이승만 대통령에 의해 친일파 척결 기관인 반민특위가 짓밟히자 크게 실망하지요. 결국 남북으로 나뉘어 두 개의 정부가 들어서고 얼마 지나지 않아 6·25 전쟁이 일어납니다. 김창숙은 전쟁 중 이승만 정권이 민간인 학살과 각종 비민주적인 행위를 자행하자 '이승만 대통령 하야 경고문'을 발표합니다. 전시 상황에서 현직 대통령의 하야를 요구할 정도로 용기와 배짱이 있었던 거지요. 그의 이러한 행동은 민주주의를 지키고자 하는 충정이었음에도 이승만은 그를 감옥에 집어넣습니다. 비극적이게도, 일제에 의해 몇 차례나 옥살이를 했던 그는 독립된 나라에서 또다시 감옥에 가야 했던 것입니다.

독립투사를 투옥했다는 국민의 따가운 여론에 밀린 이승만 정권은 며칠 후 그를 석방합니다. 그러나 김창숙은 이후에도 독재 정권과 타협하지 않아요. 이승만 정부가 부산 정치 파동을 일으켜 헌법을 개정하자 이시영, 신익희 등과 '반독재 호헌구국 선언대회'를 주도했다가 다시 구속되어 40일간 옥살이를 합니다.

그후 김창숙은 성균관대학을 종합대학으로 승격시켜 초대 총장에 취임했으나 3년 후 쫓겨납니다. 그뿐만 아니라 성균관장, 유도회 총본부장 등 일체의 공직에서 추방당해요. 이승만의 정치 보복이었지요. 이승만의 독재가 더욱 심해지자 1959년 김창숙은 '반독재 민권쟁취 구국운동'을 지도하고, 다시 대통령 사퇴 권고 서한을 보냅니다. 이승만 독재에 김창숙만큼 강력하게 싸운 재야인사도 드물 것입니다.

결국 이승만은 종신 대통령이 되겠다고 온갖 부정 불법을 자행하다가 1960년 4·19 학생·시민 혁명으로 쫓겨나 하와이로 망명합니다. 이후 김창숙은 82세의 노구를 이끌고 '민족자주 통일 중앙협의회' 대표로 추대되어 통일 운동에 전념하는 한편 '백범 김구 선생 기념사업회' 회장, '안중근 의사 기념사업회' 회장, '김구 선생 살해 진상규명 투쟁위원회' 위원장 등 여러 단체의 책임을 맡습니다.

그러던 중 1961년 박정희가 주도한 5·16 쿠데타가 일어나요. 그동안 활동해 온 조직, 단체가 모두 해체되거나 사회 활동이 봉쇄된 가운데 김창숙은 1962년 5월 10일 서울중앙의료원에서 84세로 서거합니다. 그동안 서울에 집 한 칸이 없어서 친지의 거처나 여관을 전전하면서 살았지요. 청렴결백하고 용기 있는 독립운동가, 민권 투사는 5월 18일 사회장으로 엄수되어 서울 수유리 산자락에 안장되었습니다. 장례식 날 '조가'가 울려 퍼지자 식장은 눈물바다가 됩니다.

당신에게 조국은 차라리 애물이었군요
비바람 한평생 그 가슴 태우던
이 나라 이 겨레 두고 어이 눈을 감으셨소
당신 계셔 대한이 가득하더니
당신 가셔 대한이 빈 것만 같소이다

우리에게 당신은 어둠 속 불기둥이었소
한평생 앞장섰던 의롬의 그 길이
이제사 눈을 감고도 역력하게 뵈는군요
오셔서 겪으신 그 쓰라림이
가셔서나 안식의 큰 복을 누리소서

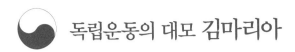

독립운동의 대모 김마리아

일찍 부모 잃고 일본으로 유학

독립운동사에서 김마리아는 '항일 여성 독립운동계의 대모'라는 평가를 받는 분입니다. "나는 대한의 독립과 결혼하였다"고 선언하고 국내외에서 남성 못지않게 치열하게 독립운동을 했지요.

김마리아는 1892년 6월 18일(음력) 황해도 장연군 대구면 송천리(소래마을)에서 아버지 김윤방과 어머니 김몽은의 셋째 딸로 태어납니다. 본명은 '김진상'이고 다른 이름은 '김근포'였습니다.

두 살 때 아버지가 돌아가시고 어머니 밑에서 자랐지요. 일곱 살 때에 소래학교에 입학하여 4년 후 졸업합니다. 13세 되던 해에는 어머니마저 별세하여 언니들 밑에서 자라야 했습니다.

1906년 김마리아는 언니들과 함께 서울로 이사 와서 이화학당에 입학합니다. 어머니가 운명하면서 가족들에게 "막내 딸만큼은 반드시 외국에 유학을 시켜 달라"는 유언을 남길 만큼 김마리아는 어려서부터 총명하고 성격이 담대했답니다. 당시 서울에서는 큰언니가 유학하고 있었고 큰숙부가 서울에서 구국 계몽 운동 단체인 서우학회 등에 관계하고 있었습니다. 또 작은 숙부는 안창호와 의형제를 맺고 구국 활동을 하였지요. 김마리아는 이런 숙부들의 영향으로 일찍부터 독립운동에 눈뜨게 됩니다.

김마리아는 2주 만에 이화학당을 자퇴하고 연동여중학교로 전학합니다. 어머니를 잃은 지 얼마 되지 않은 상태에서 홀로 기숙사 생활을 하기가 어려웠던 탓이에요. 연동여중학교에는 언니들이 다니고 있었으니까요.

연동여중학교는 1887년 미국 북장로회 선교사 엘러스가 서울 정동에 설립한 기독교 학교입니다. 성경, 한문, 국어, 역사, 지리, 산술, 도화, 체조, 음악, 과학, 천문 등 근대적 과목들을 가르쳤지요. 여기서 신마리아, 김원근 두 교사로부터 기독교 정신과 애국심에 대해 가르침을 받으며 정신적으로 크게 성장합니다.

1908년 김마리아는 밀러 목사에게 세례를 받습니다. 밀러 목사는 안창호 등을 길러낸 민로아학당과 연동교회의 초석을 쌓은 분이었지요. 김마리아는 모든 학과목에 좋은 성적을 받고 기독교 신앙에 충실한 학생이 됩니다. 연동여중학교는 1909년 교명을 다시 정신여학교로 바꾸어요. 4회로 졸업한 김마리아는 1910년 6월 전남 광주 수피아여학교 교사로 부임합니다. 이때 나이가 19세로 당시 관습으로 결혼할 나이였으나, 나라가 어려울 때 여성들의 힘도 중요하다고 생각하고 교직으로 나간 것입니다. 국치 직전이지요.

김마리아는 수피아여학교에서 나라가 망하는 것을 지켜보면서, 실력 있는 여성을 길러내야 한다는 사명감을 갖게 됩니다. 1913년 모교인 정신여학교 교사로 전임하여 수학을 가르치다 이듬해 루이스 교장의 주선으로 일본으로 유학을 떠납니다. 거기서 여자 유학생 10여 명과 '조선 여자유학생 친목회'를 조직합니다. 1915년 5월에는 도쿄여자학원 본과에 들어가요. 이미

고모인 김필례가 국비 유학생으로 유학 중이었기에 일본 생활은 비교적 수월한 편이었답니다.

여성계 대표들과 애국부인회를 조직하다

　　김마리아는 안재홍, 신익희 등이 중심이 된 '조선인 유학생 학우회'에 참여하는 한편 '조선 여자 유학생 친목회' 회장에 선출됩니다. 기관지 〈여자계〉를 발행하면서 남녀평등 사상과 한인들의 애국정신을 고취합니다. 1919년 초에 '조선인 유학생 학우회'가 '조선 청년 독립단'을 조직하자 여기에 적극 참여하고 활동비를 지원합니다.

　　2·8 독립선언 대회에도 참석했는데 이 사건으로 취조를 받고 풀려난 김마리아는 '2·8 독립선언서'를 품고 일본 여성으로 변장하여 부산을 통해 귀국길에 올라요. 독립선언서를 국내에 널리 알리기 위해서였습니다. 먼저 귀국한 고모 김필례의 광주 집을 방문하고 서석병원에서 독립선언서를 대량 복사하여 서울로 올라옵니다. 2월 26일 천도교의 보성사를 방문하여 이종일 사장을 만나 독립선언서를 전하면서 서울의 독립선언 문제를 논의합니다. 당시 이종일은 민족 대표 33인 중의 한 분으로 독립선언서를 인쇄한 보성사의 책임자였지요.

　　당시 도쿄에서 함께 활동하던 황에스더가 서울에 와 있었는데, 그녀와 만나 3·1 혁명 시에 여성들의 참여 문제를 논의하고 황해도 재령, 신천 등지에서 은밀히 만세 운동을 준비해요. 마침내 3월 1일 서울에서 만세 시위가 일어나자 급히 서울로 온 그녀는 나혜석, 박인덕 등 여성 지도자들과 만나 항일 부녀 단체 조직의 필요성을 논의합니다.

그러나 이를 가만히 보고 있을 일본 경찰이 아니었습니다. 3월 6일 정신여학교 교무실에서 김마리아가 체포당합니다. 경무총감부 유치실에 갇혀서 혹독한 고문을 당하며 여러 날 동안 신문을 받습니다. 그러고는 서대문형무소에 수감되었다가 5개월 뒤 가석방으로 풀려납니다. 일본 경찰의 고문이 얼마나 혹독했던지 귓속에 고름이 생기는 유양돌기염으로 세브란스병원에 입원했다가 치료가 어느 정도 진행되자 다시 학교로 돌아갈 수 있었습니다. 모진 고문도 김마리아의 뜻을 굽히지는 못한 것입니다.

김마리아는 그해 9월 19일 자기 숙소에서 여성계 대표 18명과 모여 비밀결사인 '대한민국 애국부인회'를 결성합니다. 회장으로 선출되어 국내외 지부 결성과 독립군 군자금 모금에 전력을 기울이고, 대한민국 임시정부에 그동안 모금한 2000원과 애국부인회 취지서 등을 보냅니다. 하지만 애국부인회의 활동은 오래가지 못했어요. 동창생이자 동지인 오현주와 그의 남편이 경찰에 밀고한 것입니다. 이 일로 김마리아와 간부 18명은 종로경찰서에 구금되었다가 대구지방법원 검사국으로 이송됩니다. 지방 조직의 간부들도 속속 검거되어 총 52명이 구속되고, 이 중 김마리아 등 핵심 간부 9명은 대구감옥으로 갑니다.

감옥에서 또다시 혹독한 고문이 김마리아를 기다립니다. 김마리아가 주동자로 지목된 것이지요. 사경을 헤매던 그녀는 3년형을 선고받고 수감되었지만 병보석으로 풀려납니다. 독립운동가가 감옥에서 죽기라도 하면 민중들이 봉기할지도 모른다고 우려했던 거예요. 그러면서 한편 거주를 제한하고 외부인 면회를 일제 금지시킵니다. 이때 김마리아는 중대한 결심을 합니다. 국내에서는 더 이상 독립운동이 어렵다는 생각에서 중국 망명을 준비하지요.

김마리아는 1921년 7월 극비리에 인천에서 배를 타고 중국으로 망명하지요. 그의 나이 28세 때였습니다. 고모부 서병호의 주선으로 무사히 상하이까지 도착할 수 있었습니다. 젊은 처자의 단신 망명에 감격한 임시정부 지도자들은 그를 임시의정원 의원으로 선출합니다. 임시정부에 자리를 잡은 김마리아는 공부를 더 하고 중국을 연구하기 위해 난징에 있는 금릉대학에 입학하지요.

1923년 2월에는 상하이에서 '대한민국 애국부인회' 대표 자격을 인정받습니다. 당시 임시정부는 개조파와 창조파로 갈리어 격심한 분란 속에 빠져 있을 때였어요. 그는 개조파에 속하여 임시정부의 개혁을 주장합니다.

독립운동가들의 분열상에 회의를 느끼는 한편 공부를 더 해야겠다는 생각으로 이해 6월 상하이를 떠나 미국 샌프란시스코로 갑니다. 그곳에서 재미 여성 독립운동 단체들의 환영을 받고 로스앤젤레스에 있는 안창호를 방문하지요. 그와는 이미 국내에 있을 때 인연이 있었답니다.

김마리아는 1924년 10월 미주리 주 파크빌에 있는 파크대학에 3학년으로 입학합니다. 열심히 공부하여 모든 학점을 따고, 1927년 1월 시카고대학 대학원 연구학생으로 1년간 수학합니다. 1928년 연초에는 뉴욕에 있는 여성 동지들을 규합하여 항일 여성 단체인 '근화회'를 조직, 회장으로 선출됩니다. 9월에는 컬럼비아대학 사범대학원에서 교육행정학 전공으로 석사 학위를 받지요. 이 무렵 김마리아는 안창호가 설립한 '흥사단'에 입단합니다. 흥사단은 미국에서 활동하는 대표적인 독립운동 단체였어요. 김마리아는 미국 여러 도시를 돌며 한국 독립에 관한 강연을 하고, 1932년에는 캐나다를 거쳐 하와이에 도착하여 거기서 강연회를 엽니다.

미국에 머무르는 10년 동안 그는 한시도 조국 독립을 잊은 적이 없었어요. 그래서 어느 정도 공부를 마치고 건강도 회복되자 편안한 미국 생활을 접고 1933년 귀국합니다. 하와이에서 배편으로 일본 고베에 도착했을 때 일제에 연행되어 9시간 동안 집중 취조를 받고, 한국으로 돌아와요. 김마리아는 오랜 망명 생활을 청산하고 귀국해 일제의 감시와 탄압을 받습니다.

국내의 여러 학교에서 교사 자리를 제안했지만, 총독부에서 그의 취업을 막습니다. 학생들에게 독립 정신을 가르칠까 두려웠던 거지요.

"나는 대한 독립과 결혼했다"

김마리아의 조국 사랑을 알려주는 일화가 있습니다. 고국으로 돌아온 그에게 〈신동아〉 잡지 기자가 묻습니다. "앞으로 결혼 문제는 어찌하시렵니까?" 하고 말이죠. 김마리아는 대답합니다. "결혼이요? 도무지 거기에 대해서는 생각도 안 합니다"라고요. 여기저기서 비슷한 질문들이 이어지자 김마리아는 단호하게 말합니다. "나는 대한 독립과 결혼했다"고 말이죠. 그도 그럴 것이 김마리아를 연모하는 사람이 많았습니다. 잘생긴 외모에 미국 유학생이고, 당당한 여성 독립운동가라는 사실이 뭇 남성들의 관심을 모았지요. 하지만 김마리아의 마음속에는 언제나 조국의 독립만이 자리하고 있었습니다.

미주에서 한국 독립운동을 전개한 홍언은 다음의 시로 김마리아의 이런 애국심을 예찬했답니다.

아름다운 얼굴 나라 걱정하여 다듬지 않았고
피눈물을 흘리며 독립선언하러 한양에 들어갔지
피눈물에 흔적 있어 천고의 아름다움이니
화장품을 가지고 얼굴빛을 더럽히지 말게나

김마리아는 1933년 봄 총독부의 취직 정지 명령이 해제되자 마르타윌슨 여자신학교 교수로 초빙되어 교단에 서게 됩니다. 1934년 연초에 한국 교회 내의 여성 차별 문제를 다룬 글을 〈종교시보〉에 쓰지요. 거기에 이런 대목이 있습니다. "하나님께서 우주를 창조하신 후에 일남일녀를 창조하시고 인권에 대한 차별이 없이 아담과 이브에게 만물을 주관하라고 명하였으며 예수께서는 부부는 한몸이라고 가르치셨고 여자를 열등시키는 일은 한 번도 없었다."

그러자 보수적 교단으로부터 심한 항의가 있었지요. 하지만 김마리아를 믿고 따르는 사람들도 많았습니다. 장로교 여전도회 총회에서 제7대 회장으로 선출되고, 이후 4대에 걸쳐 회장을 맡아 여전도회를 크게 발전시키게 돼요.

그러는 사이 일제의 탄압은 날로 집요해집니다. 1935년에는 각급 학교 학생들에게 신사참배를 강요하고, 이어서 교회에도 이를 강요합니다. 천주교는 로마 교황청의 결정에 따라 신사참배에 응했고, 기독교 장로교는 한때 반대했으나 총독부의 요구와 일부 친일 목사들에 의해 제27회 총회에서 찬성 결의를 합니다.

이런 상황에서 여전도회 회장이 된 김마리아는 여전도회 연합대회 소집을 유회시키고 실행위원들을 소집하여 다른 안건만을 처리하는 방식으로 신사참배의 결정을 회피했어요. 그러자 일제 경찰은 그녀를 체포하고자 했지요. 하지만 건강상의 이유로, 그리고 신사참배 거부 소식이 널리 알려지는 것을 원하지 않았던 일제 경찰들의 의도로 이번에는 구속을 면하게 되었지요.

원산 마르타윌슨 신학교 시절의 김마리아. 첫째 줄 맨 왼쪽.

그래서 결과적으로 여전도회는 공식적으로 신사참배를 하지 않게 됩니다.

종교인들에게 신사참배는 모욕적인 일이었습니다. 그래서 주기철 목사와 같이 신사참배를 거부하다가 투옥되어 순교한 목회자도 있었지만, 보복을 두려워한 대다수 목회자들은 순응하였지요. 김마리아와 같이 단호하게 거부한 목회자는 흔치 않았답니다. 당연히 일제의 탄압이 뒤따랐지만 그녀는 두려워하지 않았습니다.

　　총독부는 마르타윌슨 여자신학교를 폐교시키는 등 다시 기독교 탄압에 열을 올립니다. 김마리아가 고문 후유증으로 건강이 좋지 않은 상황에서 일제의 감시와 압박은 날로 심해지지요. 1943년 12월 7일 밤 김마리아는 자택에서 고혈압으로 쓰러집니다. 고문과 망명 생활로 건강이 나빠질 대로 나빠진 것입니다. 입원 치료를 받던 그는 결국 1944년 3월 13일 평양 기독교병원에서 눈을 감습니다. 53세, 조국을 위해 한창 일할 나이였습니다. 유언에 따라 유골은 화장하여 대동강에 뿌려졌지요.

2부
광야의 외침
해외의 독립운동가

언론인이자 역사학자였던 독립운동가 신채호

한 편의 글로 조선 백성을 움직이다

　　신채호는 구국 언론인, 민족주의 역사가, 전기 작가, 소설가, 아나키스트, 독립운동가로서 많은 일을 하신 민족의 큰 지도자입니다. 신채호의 가계는 몰락한 사대부 집안의 후예로서 엄격한 유학자 가문이었어요. 임시정부 국무총리를 지낸 신규식, 민족 대표 33인의 신석구, 무장 독립운동 단체인 서로군정서에서 활동한 신백우가 가까운 집안 출신이지요.

　　신채호는 1880년 11월 7일 충남 대덕군 정생면 익동 도림리에서 아버지 신광식과 어머니 밀양 박씨 사이에서 둘째 아들로 태어납니다. 아버지는 가난한 농촌의 선비로 32세에 큰아들 재호를 낳은 지 8년 만에 둘째 채호를 얻습니다. 어머니는 평범한 농사꾼의 딸이었답니다.

　　신채호의 집안은 할아버지 때부터 가계가 기울다 아버지 대에는 끼니를 쑥죽으로 연명할 만큼 더욱 어려워졌지요. 신채호는 태어나면서부터 병약하여 잔병치레가 많았습니다. 그의 몸집이 작은 것은 어릴 적에 제대로 먹지 못했기 때문이었습니다. 거기에 아버지까지 일찍 돌아가시게 되면서 할아버지의 손에 자라게 됩니다. 신채호의 할아버지는 조정에서 임금과 대신들에게 바른말을 하는 '정언'이었습니다. 이를 불편하게 여긴 사람들

때문에 벼슬을 잃고 고향으로 오게 돼요. 마을에서 작은 서당을 열고, 두 손자와 마을 아이들을 가르쳤지요. 청빈한 선비적 가풍은 어린 그에게 일찍부터 학문에 눈뜨게 합니다.

신채호는 어려서부터 두뇌가 명석하고 근면하여 인근에 소문이 자자했습니다. 함께 공부하던 신규식, 신백우와 함께 고향에서 '3대 천재'로 불리기도 했지요. 그는 열 살 때 행시(18구 이상의 시로 과거 시험 과목 중 하나)를 지어 할아버지를 놀라게 하고, 열한 살 때 『사서삼경』을 읽었다고 합니다.

열여섯이 된 신채호는 같은 마을의 풍양 조씨 처녀와 결혼을 합니다. 이후에도 할아버지 밑에서 공부를 계속하지요. 같은 집안인 재상 신기선의 집을 드나들며 동서양의 진기한 책 수천 권을 접합니다. 그의 영민함을 지켜본 신기선은 열아홉의 신채호를 성균관에 추천합니다. 성균관은 당시 나라의 관리·학자를 양성하던 최고의 교육기관이었어요.

1905년 2월 신채호는 성균관 박사가 됩니다. 출세의 길이 열린 것이지요. 그러나 그해 11월 일본이 한국의 외교권을 박탈하는 을사늑약이 강제되는 등 나라의 운명은 위기에 빠져듭니다. 시종무관장 민영환이 자결하고, 장지연이 〈황성신문〉에 '시일야방성대곡(이 날에 목놓아 운다)'이라는 글을 쓰는 등 민족의 저항도 만만치 않았습니다. 이를 지켜본 신채호는 정몽주의 「단심가」의 '일편단심'에서 '단' 자를 취하여 '단재'라는 호를 짓습니다.

신채호는 성균관 박사직을 내던지고 언론인으로서 구국 대열에 참여합니다. 장지연이 구속되자 〈황성신문〉의 논설위원을 맡아 배일사상과 독립 정신을 높이는 글을 씁니다. 뒤이어 항일 비밀 조직인 신민회가 창간한 〈대한매일신보〉 주필로 활동하지요. 신채호의 글이 얼마나 매서웠던지 당시 조선 통감 이토 히로부미가 자신이나 총독부 관리들의 백 마디 말보다 〈대한매일신보〉에 실린 한 편의 글이 더 조선 백성들을 움직인다고 개탄할 정도였습니다.

신채호가 쓴 대표적인 논설로 '일본의 3대 충노', '금일 대한제국의 목적지', '논(論) 충신', '한국 자치제의 약사', '가정교육의 전도', '정신상 국가', '동화(同化)의 비판', '영웅과 세계', '국가를 멸망케 하는 학부', '학생계의 특색', '문화의 무력', '국민의 혼', '진화와 퇴화', '한일 합병론자에 고함', '20세기 신국민', '친구에게 절교하는 편지' 등 다수가 있습니다.

당시는 일제가 세운 통감부의 '보안 규칙'이나 '신문지법'에 의해 모든 신문과 잡지가 통제를 받았으나 〈대한매일신보〉는 사장이 영국인이라 검열을 피할 수 있었습니다.

신채호는 역사와 인물에도 관심이 많았습니다. 민족주의 사관에 입각한 최초의 한국 고대 역사서인 『독사신론』을 쓰고 『이태리 건국 삼걸전』을 편역하지요. 그가 쓴 『을지문덕전』, 『수군제일위인 이순신』, 『동국거걸 최통전』 같은 책들도 당시 지식인과 청소년들에게 널리 읽힙니다.

일제를 떨게 한 두 개의 선언문

을사늑약이 강제로 체결되고 통감부가 설치되면서 조선은 외교권을 빼앗깁니다. 나중엔 군대가 해산되고 사법권, 경찰권까지 빼앗기지요. 저항도 거세집니다. 각지에서 의병이 일어나고, 안중근은 한국 침략의 원흉 이토 히로부미를 만주 하얼빈에서 처단합니다. 그러나 이러한 노력에도 조선은 일본 제국주의에 나라를 완전히 빼앗기게 되는 국치를 겪게 돼요.

신채호는 안창호, 이갑, 이종호 등 애국지사들과 함께 중국 칭다오를 거쳐 러시아령 블라디보스토크로 망명하지요. 이곳에서 교포들과 〈해조신문〉을 창간하여 주필로 활동합니다. 격렬한 항일 논설을 통해 일본의 야만성을 폭로하고 의병 전쟁을 지원해요. 그러나 일본의 방해로 신문이 폐간되고, 신채호는 러시아에서 추운 겨울을 맞이합니다. 제대로 먹지 못하여 병약해진 신채호는 동지들의 도움으로 블라디보스토크를 떠나 만주를 거쳐 상하이로 갑니다. 도중에 우리 조상의 땅이었던 만주 펑텐성 회인현에 머물면서 고구려와 발해의 유적지를 답사합니다. 만주 일대 조상의 유적과 광개토대왕릉비를 찾아 연구하지요. 그러면서 "김부식의『삼국사기』를 100번 읽는 것보다 만주 지역 우리 고대 유적을 한 번이라도 살피는 것이 역사에 도움

상하이 망명 당시 함께 독립운동을 하던 신채호와 신석우, 신규식.
(왼쪽부터)

이 될 것"이라는 글을 남깁니다. 훗날, 자금이 없어 옛 왕릉을 탐사하지 못한 것을 두고두고 한탄하기도 해요. 그 후 신채호는 베이징으로 갑니다. 신규식 등과 신한청년당을 조직하여 해외 교포들의 단결을 꾀하지요. 박은식, 문일평 등과 박달학원을 세워 청년 교육에 전념합니다. 한편 밤늦도록 베이징대학 도서관을 드나들며 『조선상고사』를 쓰기 위한 자료를 찾습니다. 이때가 1918년 그의 나이 39세 때입니다. 청년 망명객은 빈곤과 일본 밀정의 추적을 피해가면서 공부와 연구를 멈추지 않습니다.

신채호는 1919년 3·1혁명 소식을 듣고 상하이 임시정부에 참여하여 의정원 의원으로 선출됩니다. 그러나 당시 대통령으로 추대된 이승만이 조국을 일본 대신 미국에 위임하자는 '위임 통치설'을 펴자 이에 반발하여 임시정부를 떠나지요. 〈신대한〉을 창간하고 주필이 된 그는 일제를 공격하는 한편 이승만의 노선을 비판합니다.

다시 베이징으로 돌아온 신채호는 항일운동을 지속합니다. 비밀결사 '대동 청년단'의 단장으로 추대된 데 이어 '신대한 동맹단'의 부단주로 선출되어 일제와 싸웁니다. 그는 이승만의 외교론에 반대했습니다. 적극적인 무장 독립 전쟁을 벌여야 한다는 신념이 있었지요. 독립운동 지도자 이회영, 박용만 등은 물론 만주에서 일본군과 싸우던 독립군 부대들이 여기에 뜻을 같이했습니다. 신채호는 비밀결사인 '보합단'을 조직하고 중국의 유력 인사들로부터 한국의 독립 자금을 모집하는 역할도 맡습니다.

이 무렵 신채호는 연경대학에 재학 중인 애국 여성 박자혜와 재혼합니다. 어릴 적 결혼했던 여성과는 망명을 떠나면서 헤어졌지요. 그러나 결혼 후에 생활 형편이 좋지 않아 거처할 집이 없었기에 부인과 갓 태어난 아들을 고국으로 돌려보내고, 자신은 역사 연구에 전념합니다. 『조선상고사』와 『조선상고문화사』, 『조선사연구초』 등을 쓰지요. 그의 주요 역사 책들은 대부분 이때에 쓰인 것입니다.

1923년 1월 의열단장 김원봉이 거처로 찾아와 '의열단 선언문'을 지어 달라는 부탁을 합니다. 의열단은 김원봉 등 13명의 애국 청년들이 조직한 비밀결사 단체였지요. 활약도 대단했습니다. 의열단원이 나타났다고 하면 일본인과 친일파들이 오줌을 지릴 정도였다고 해요. 신채호는 한 달 만에 '조선 혁명 선언'(일명 '의열단 선언')을 집필합니다. 선언은 이렇게 시작합니다. "강도 일본이 우리의 국토를 없이하여 우리의 정권을 빼앗으며 우리의 생존에 필요조건을 다 박탈하였다."

신채호는 이 선언문에서 일제의 죄악상을 폭로하고, 의열단은 단순히 테러 단체가 아니라 한국의 당당한 독립운동 단체임을 밝히지요. 의열단원들은 일제 기관에 폭탄을 던지거나 일제 고관 또는 친일파들을 처단할 때면 꼭 이 문서를 남겼다고 합니다.

신채호는 1924년에 무장 독립운동 단체인 '다물단'을 지도하고 창립 선언문을 짓습니다. 일제와 친일파들이 가장 겁낸 두 단체의 선언문을 모두 쓴 것입니다.

신채호의 해외 활약이 두드러지자 조선총독부가 회유책을 씁니다. 국내에서 최남선이 경영하는 〈시대일보〉의 주필로 초청하지만 이를 단호히 거부해요. 신채호는 일제와는 조금의 타협도 하지 않습니다.

아나키즘과 사상적 전환

　　1925년 신채호는 옛 동지들의 도움으로 국내의 한 신문에 「조선사연구초」와 「조선 고래의 문자와 시가의 변천」을 연재합니다. 식민사관에 젖어 있는 역사학자들을 깨우치기 위해서였지요. 마침 신채호는 베이징 대학 도서관을 찾아다니며 우리 고대사를 연구하고 있었습니다.

　　이 무렵 신채호는 아나키즘('무정부주의'로 통용되지만 바른 번역이 못 돼요. '무강권', '무지배'가 정확한 표현일 것입니다)에 심취합니다. 아나키즘은 1917년 10월 러시아혁명 이후 공산주의 사상과 함께 전 세계 지식인들에게 전파됩니다. 신채호는 이 사상이야말로 우리나라 독립운동의 이념적 방향이며 국제 사회가 지향해야 할 가치라고 생각했어요. 그래서 한국과 중국의 아나키스트들과 폭넓게 교류합니다. 항일 조국 해방 투쟁의 길에서 무장투쟁론을 주장하고, 앞장서서 무장 투쟁 조직을 만든 신채호는 새롭게 아나키즘을 받아들이고 이 운동의 연구와 조직에 전력하게 됩니다.

　　신채호의 사상적 흐름은 초기의 강력한 민족주의에서 아나키즘으로 이어집니다. 국내 언론인 시절에는 '영웅 대망론'을 펼칩니다. 암울한 현실에서 과거 국난을 극복한 민족의 영웅을 대안으로 제시한 것이지요. 『이태리 건국 삼걸전』을 편역한 것도 과거 이탈리아의 운명이 한국과 비슷했다는 점에서 착안한 것입니다. 그러다가 '민중 직접 혁명론'으로 사상적 전환을 합니다. 무엇보다 3·1 혁명의 좌절을 지켜보면서 생각이 달라졌기 때문이에요. 당시 지도부의 비폭력주의와 달리 일반 민중들의 자발적인 봉기와 항쟁을 보았던 것입니다. 독립운동 진영에서 명망가들이 몸을 사리고 있을 때에, 무명의 독립군과 의열단원, 다물단원들의 자기희생을 목격하면서 '민중 직접 혁명론'을 펴게 된 것이랍니다.

일제의 폭력적 지배 질서에 맞서는 데 비폭력으로는 불가능함을 인식하고 폭력을 수반하는 아나키즘에 혁명 사상을 수용하게 된 것입니다. 이와 같은 사상적 추이는 1920년 베이징에서 결성한 '군사 통일 촉성회'에서 그리고 1921년 5월 역시 베이징에서 발족한 '통일 촉진회'에서 나타납니다. 의열단 선언문에도 민중이 직접 일제와 싸우는 민중 혁명론이 드러나지요. 자신의 사상을 실현하고자 아나키즘 국제 연대에 참여한 신채호는 '무정부주의자 동방연맹'에 가입하여 생애의 마지막을 뜨겁게 불태웁니다.

베이징에서 지내면서 거의 혼자 힘으로 〈천고〉라는 잡지를 발행합니다. 중국과 한국의 지식인들에게 역사를 알리기 위해서였지요. 6호까지 발행했지만, 현재는 1·2·3호만 내용이 알려진 상태입니다.

역사 속에 잠들다

1928년 5월 말 중국 난징에서 '무정부주의자 동방연맹'이 결성됩니다. 한국, 중국, 일본, 타이완, 베트남, 인도 등 각국의 아나키스트들이 국제적 연대를 강화하여 각 민족의 자주성과 개인의 자유를 확보하는 이상적인 사회를 건설할 것을 결의해요. 신채호는 무정부주의자 동방연맹의 선언문을 씁니다. "세계의 무산대중, 그리고 동방 각 식민지 무산대중의 피와 가죽과

살과 뼈를 짜 먹어 온 자본주의 강도 제국 야수군은 지금에 그 창자, 배가 터지려 한다. 민중은 죽음보다 더 음산한 생존 아닌 생존을 하고 있다"라는 격렬한 내용을 담았지요.

기관지 〈동방〉을 통해서도 아나키즘 운동을 선전합니다. 그러나 신채호는 잡지 발행의 비용을 마련하고자 타이완에 갔다가 일제 경찰에 붙잡혀 중국 다롄으로 끌려 옵니다. 재판 끝에 징역 10년을 선고받고 뤼순감옥에서 긴 감옥살이를 해요. 뤼순감옥은 독립운동가 안중근이 사형을 당하고, 이회영이 순국한 곳입니다.

1936년 2월 18일 신채호는 투옥된 지 8년이 지난 이곳에서 뇌출혈로 의식을 잃고 맙니다. 석방을 얼마 앞두고 그의 활동을 두려워한 일제가 독약을 먹이고는 뇌출혈로 가장했다는 주장도 있으나, 확인할 길이 없습니다. 누구보다 치열하게 독립운동을 하던 신채호는 향년 57세의 나이로 낯선 이국 땅에서 쓸쓸하게 운명했습니다. 해외로 망명한 지 26년 만의 일입니다.

소식이 전해지자 부인과 아들, 옛 친구 서세충이 뤼순으로 달려가 유해를 고향으로 모셔옵니다. 그런데 조선총독부는 매장조차 허가하지 않아요. 독립운동가의 죽은 시신까지도 두려웠던 것입니다. 결국 유족들이 선산 부근에 암장합니다.

신채호의 업적은 일일이 다 헤아리기 어렵지만 대표적인 것으로 특히 『조선상고사』를 꼽을 수 있습니다. 책의 총론에서 그는 역사는 "아(我)와 비아(非我)의 투쟁의 기록"이라는 유명한 말을 남깁니다. '아'란 나 자신 즉 당시 한국을 말하고, '비아'란 일본 제국주의를 일컫습니다. 여기 민족주의 사관의 상징이라 할 총론의 서문을 소개합니다.

역사란 무엇이뇨. 인류 사회의 '아와 비아'의 투쟁이 시간부터 발전하며 공간부터 확대하는 심적 활동 상태의 기록이니, 세계사라 하면 세계 인류의 그리되어 온 상태의 기록이며, 조선사라 하면 조선민족의 그리되어 온 상태의 기록이니라.

마지막으로 일화 하나를 소개하지요. 신채호가 망명 생활 중일 때의 일입니다. 그는 한겨울에도 꼿꼿이 서서 세수를 했습니다. 이를 이상히 여긴 동지들이 묻습니다. 단벌 처지에 옷을 다 적시면서 왜 굳이 서서 세수를 하느냐고 말이에요. 그랬더니 "동서남북 돌아보아도 머리를 숙일 데가 없어서 그런다"라고 답했답니다. 그 정도로 소신이 강한 분이셨습니다. 신채호가 세상을 떠난 지 80여 년이 흐른 지금도 많은 이들로부터 존경받는 이유입니다.

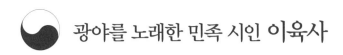

광야를 노래한 민족 시인 이육사

어릴 적부터 키운 항일 정신

까마득한 날에
하늘이 처음 열리고
어데 닭 우는 소리 들렸으랴

모든 산맥들이
바다를 연모해 휘달릴 때도
차마 이곳을 범하던 못하였으리라

끊임없는 광음을
부지런한 계절이 피어선 지고
큰 강물이 비로소 길을 열었다

지금 눈 나리고
매화향기 홀로 아득하니
내 여기 가난한 노래의 씨를 뿌려라

다시 천고의 뒤에
백마 타고 오는 초인이 있어
이 광야에서 목놓아 부르게 하리라

학생이고 어른이고 이 시 「광야」를 모르는 사람은 많지 않을 것입니다. 일제 강점기 독립운동가 중에서 투사, 전사, 의사, 열사, 지사, 선생, 장군 등으로 불린 인물이 많습니다. 그러나 이육사만큼 '시인'이라는 호칭이 어울리는 독립운동가는 흔하지 않을 것입니다.

그는 1904년 5월 18일 경상북도 안동군 도산면 원초리에서 아버지 이가호와 어머니 김해 허씨 사이에 태어납니다. 다섯 형제 중 둘째였지요. 퇴계 이황의 14대손이며 형조참판 등을 지낸 이구운의 6대손입니다. 할아버지 치헌 공은 경술국치로 나라가 망할 때 거느리고 있던 노비들을 풀어 주고, 노비 문서를 불태웠으며 조선총독부가 벼슬을 주겠다고 하는 것도 거부했다고 합니다. 외할아버지 범산 공도 의병을 일으켜 조국 광복 운동을 편 애국자였지요. 이육사 일기는 일제 강점기에 끝끼지 창씨개명을 거부할 정도로 심지가 굳고 애국심이 강한 가문이었답니다.

아이 때 이름은 '원록'이었고 그다음에 '원삼', 성장하였을 때는 '활'이란 이름을 썼지요. 호는 '육사'입니다. '육사'는 감옥에 갇혔을 때에 수인 번호를 따서 지었다고 합니다. 여기서는 가장 많이 알려진 '이육사'로 부르겠습니다.

이육사는 다섯 살 때부터 형과 함께 할아버지에게서 한문을 배웁니다. 할아버지는 뼈대 있는 가문을 이어온 고명하신 한학자였지요. 이육사는 어려서부터 용모가 빼어나고 기상이 굳고 품성이 강직했다고 합니다. 12세에는 할아버지가 숙장(서당의 책임자)이었던 예안의 보문의숙에서 새로운 지식과 다양한 학문을 접합니다. 1919년 3·1 혁명이 일어나고 예안에서도 만세 운동이 있었는데 소년 이육사는 이것을 지켜보면서 큰 충격을 받습니다.

이듬해 이육사는 큰형과 함께 대구로 갑니다. 형이 그곳에서 학식 높은 서병오에게서 배울 때 함께 그림을 익힙니다. 18세 때에는 영천 안응락의 딸 순흥 안씨와 결혼하지요. 부모님이 맺어 준 혼사였습니다.

1922년 열아홉이 되자 영천 화북면 백학학교에 들어가 6개월간 공부하고, 대구 교남학교로 전학합니다. 학교를 옮기게 된 이유는 기록에 나와 있지 않습니다만, 시골 학교에서 배우는 것이 양에 차지 않았던 것 같습니다.

이육사는 스무 살이 되던 1923년 대구 남산동 662번지로 이사를 합니다. 그리고 그해에 일본으로 건너가지요. 신식 교육을 받고 우리나라를 지배하는 적, 일본을 알기 위해서였습니다. 대구의 김관제, 김현경, 강신묵 등이 지원해 주어서 가능한 일이었습니다.

투사이자 시인이었던 이육사

일본에서 1년여 만에 귀국한 이육사는 1925년 큰형 이원기, 동생 이원일과 함께 만주로 건너갑니다. 당시 만주에는 정의부, 군정서, 의열단 등 무장 독립운동 단체들이 일본군과 치열하게 싸우고 있었습니다. 이육사 형제는 여기서 독립운동을 시작합니다.

이육사는 의열단원으로 활동하다가 이듬해 국내로 들어옵니다. 대구 조양회관의 신문화 강좌에 참가하고, 얼마 후에는 친구 이정기와 베이징으로 건너 갑니다. 그리고 1년여 뒤에 한국으로 다시 돌아오지요. 이는 모두 의열단 활동의 일환이었을 것입니다.

이육사와 동생 이원일과 함께 찍은 사진.
왼쪽이 이육사.

이육사가 베이징에서 돌아온 1927년 가을, 의열단원 정진홍이 조선은행 대구지점을 폭파합니다. 이후 이육사는 세 형제들(원기, 원일, 원조)과 함께 이 사건의 피의자로 구속됩니다. 아직 학생이었던 원조는 석방되고, 나머지 형제들은 2년 7개월의 옥고를 치릅니다. 이때에 이육사는 수인 번호(264호)를 아예 자신의 이름으로 삼습니다.

1929년에 석방된 이육사는 한 신문의 대구 지사를 경영하다가, 그해 11월에 광주 학생 항일 운동이 일어나자 또다시 붙잡힙니다. 1930년 11월에는 대구의 격문 사건에 연루되어 대구경찰서에 수감되고 6개월의 옥고 끝에 풀려나지요. 이육사의 젊은 날은 하루도 평안할 때가 없었답니다.

1931년 스물여덟이 되던 해. 외숙인 허규의 독립군 자금 모금에 관계되어 만주에 갔다가 김원봉이 세운 조선군관학교 입학생을 모집하러 귀국합니다. 세 명의 청년을 데리고 베이징으로 가던 도중 만주 사변(일본군의 만주 침략 사건)이 일어나지요. 그러자 이육사는 펑톈으로 가서 독립운동가 김두봉과 함께 지냅니다. 1932년 베이징으로 건너가 조선군관학교 1기생으로 입학한 이육사는 졸업 후 상하이를 거쳐 신의주를 통해 귀국합니다. 이때 그는 국내 공작 임무를 띠고 있었지요.

항일 투쟁이 한창이던 시절 투사로서 활동한 그였지만 시심도 두터웠습니다. 30세에 처녀작 「황혼」을 〈신조선〉에 발표하지요. 그중 일부를 여기에 소개합니다.

내 골방의 커-텐을 걷고
정성된 맘으로 황혼을 맞아들이노니
바다의 흰 갈매기들같이도
인간은 얼마나 외로운 것이냐

황혼아 네 부드러운 손을 힘껏 내밀라
내 뜨거운 입술을 맘대로 맞추어보련다
그리고 네 품안에 안긴 모든 것에
나의 입술을 보내게 해다오

이육사는 의열단 소속으로 국내에서 지내며 군관학교 입학생들을 선정하여 중국으로 보내는 등의 역할을 했습니다. 1935년 베이징대학에 적을 두고 있었다는 이야기가 있지만 정확하지는 않습니다.

이육사는 1936년 중국 목단강 지역에서 활동하다가 귀국하자마자 일제 경찰에 잡힙니다. 몇 달 후에 석방된 이육사는 그해에 사망한 중국 혁명 작가 루쉰을 추모하는 글과, 그의 작품 「고향」을 번역하여 〈조광〉 등에 싣습니다. 이 시기에 「한 개의 별을 노래하자」, 「강 건너간 노래」, 「노정기」, 「소공원」 등의 시와 '질투의 반군성', '무희의 봄을 찾아서' 등의 산문 그리고 '초상화' 등의 평론을 발표합니다.

이육사는 1937년부터 서울 명륜동에서 아내와 어머니

와 함께 살다가 1939년 가을에 종암동 62번지로 이사합니다. 「청포도」라는 잘 알려진 그의 시는 이때 쓴 작품입니다. 〈문장〉 지 1939년 8월호에 실렸지요.

청포도

내 고장 칠월은
청포도가 익어가는 시절

이 마을 전설이 주절이주절이 열리고
먼데 하늘이 꿈꾸며 알알이 들어와 박혀

하늘 밑 푸른 바다가 가슴을 열고
흰 돛단배가 곱게 밀려서 오면

내가 바라는 손님은 고달픈 몸으로
청포를 입고 찾아온다고 했으니

내 그를 맞아 이 포도를 따먹으면
두 손은 함뿍 적셔도 좋으련

아이야 우리 식탁엔 은쟁반에
하이얀 모시 수건을 마련해두렴

30대 후반 이육사는 봇물처럼 시, 수필, 번역서 등을 쏟 아냅니다. 원고료를 받아 중국에 독립 자금을 보내고 생활비에 충당하려는 뜻에서 많은 글을 썼을 것입니다.

1941년은 그에게 많은 일이 일어난 해였습니다. 아버지가 별세하고, 이육사는 신병으로 병원에 입원했으며, 첫아이가 태어납니다. 딸 이름을 '옥비'라고 지었어요. 틈틈이 〈인물평론〉, 〈문장〉 등의 잡지에 「파초」, 「독백」, 「자약곡」 등의 시와 '연인기', '산사기' 등의 수필 그리고 『중국 현대시의 일단면』 및 중국 현대 문인 호적의 『중국 문학 50년사』를 번역하지요. 여기에 〈춘추〉 1941년 12월호에 발표한 「파초」를 소개합니다.

파 초

항상 앓는 나의 숨결이 오늘은
해월처럼 게을러 은빛 물결에 뜨나니

파초 너의 푸른 옷깃을 들어
이닷 타는 입술을 축여주렴

그 옛적 사라센의 마지막 날엔
기약없이 흩어진 두 낱 넋이었어라

젊은 여인들의 잡아 못 논 소매끝엔
고은 손금조차 아직 꿈을 짜는데

먼 성좌와 새로운 꽃들을 볼 때마다
잊었던 계절을 몇 번 눈 우에 그렸느뇨

차라리 천년 뒤 이 가을밤 나와 함께
빗소리는 얼마나 긴가 재어보자

그리고 새벽하늘 어데 무지개 서면
무지개 밟고 다시 끝없이 헤어지세

이국의 땅에서 불꽃처럼 생을 마치다

병원비를 감당하기 어려웠던 이육사는 1942년 2월에 퇴원합니다. 일제의 감시를 피해 경주 안강 기계리의 이영우의 집으로 내려가 지내지요. 어머니가 위독하다는 소식에 곧 상경하지만, 6월 12일 그만 돌아가시고 맙니다. 7월에는 또 큰형이 사망해요. 연속되는 가족사의 아픔을 겪으면서 이육사의 건강은 더욱 쇠약해집니다.

〈조광〉 1942년 1월호에 실린 수필 '계절의 표정'을 끝으로 그의 문학 활동도 사실상 끝나지요. 구속과 감시 등으로 작품 활동을 하기가 어려웠습니다.

제2차 세계대전이 종반에 접어들면서 조선총독부는 독립운동가들의 검거에 혈안이 됩니다. 이 시기에 많은 문인, 언론인, 종교인, 교육자 등 이른바 지도층 인사들이 친일파로 변절합니다. 끝까지 지조를 지키며 항일 대열에 서 있었던 반일 운동가들에게는 그만큼 탄압이 심했지요.

1943년 이육사는 모종의 사명을 띠고 베이징으로 갔다가 7월에 귀국합니다. 이때 일제에 체포되어 베이징으로 끌려가요. 많은 독립운동가들이 중국에서 독립운동을 하다가 검거되면 국내로 압송되었는데, 이육사는 반대로 국외로 끌려간 것입니다. 베이징에 항일 운동의 근거지가 있었기 때문이에요.

이육사는 병약해진 몸으로 일제의 심한 고문을 당하다가 1944년 1월 16일 새벽 5시 베이징감옥에서 숨을 거둡니다. 해방을 1년여 앞두고, 항일과 문학에 치열했던 이육사는 그렇게 41세의 짧은 생애를 이국의 감옥에서 마쳐야 했습니다. 여기서 소개하는 시 「꽃」은 그의 유작이라 할 것입니다.

꽃

동방은 하늘도 다 끝나고
비 한 방울 나리쟎는 그 땅에도
오히려 꽃은 빨갛게 피지 않는가
내 목숨을 꾸며 쉬임없는 날이여

북쪽 툰드라에도 찬 새벽은
눈 속 깊이 꽃 맹아리가 옴작거려
제비떼 까맣게 날아오길 기다리나니
마침내 저버리지 못할 약속이여!

한바다 복판 용솟음치는 곳
바람결 따라 타오르는 꽃성에는
나비처럼 취하는 회상의 무리들아
오늘 내 여기서 너를 불러보노라

주옥같은 시로 남은 청년 지사 윤동주

북간도에서 태어나 민족 교육 받고 자라

우리나라 청소년들이 가장 좋아하는 민족 시인을 소개할까 합니다. 시와는 담을 쌓은 사람도 그의 시를 외울 정도로 유명한 시인이자 대한민국 건국공로훈장 독립장을 받은 독립운동가, 바로 윤동주입니다.

윤동주는 1917년 12월 30일 당시 북간도 간도성 화룡현 명동촌(현 지린성 연변 조선족 자치구)에서 아버지 윤영석과 어머니 김용 사이에서 3남 1녀 중 장남으로 태어납니다. 19세기 말 한반도 북부 지역의 기근이 심해지자 동포들은 국경을 넘어 간도와 연해주로 이주하기 시작했지요.

윤동주의 증조부 윤재옥은 함경북도 종서군 동풍면 상장포에서 살다가 가족을 이끌고 1886년경 만주로 이주합니다. 그 뒤 할아버지 윤하연이 명동촌으로 옮기고 아버지 윤영석은 1910년 독립지사인 김약연의 누이동생 김용과 결혼하여 그곳에 정착합니다. 윤동주는 기독교인인 할아버지의 영향을 받고 자랍니다.

1925년 명동소학교에 입학한 윤동주는 고종사촌 송몽규 등과 문예지 〈새명동〉을 발간합니다. 1931년 15세에 명동소학교를 졸업하고, 중국인 관립학교인 대립자학교에 다니다가 가족이 용정으로 이사하여 은진중학교에 입학합니다. 그러다 1935년 평양의 숭실중학교로 전학하지요.

신사참배 거부로 숭실중학교가 폐교되어서, 용정에 있는 광명중학교로 편입해요. 거기서 그는 문익환과 정일권 등을 만나게 됩니다. 아버지는 의학과 진학을 희망하지만 다행히 할아버지가 손자의 뜻을 존중하여 윤동주는 연세대학교의 전신인 연희전문학교 문과에 입학합니다. 북아현동, 서소문에서 하숙생활을 하면서 정지용 등과 함께 시심을 키웁니다. 이해에 처음으로 〈소년〉지에 시를 발표하지요. 윤동주는 소년기부터 남다른 문학적 재능을 보여줍니다. 초기 시 「삶과 죽음」, 「초 한 대」 등도 수준이 상당했던 것으로 평가됩니다.

1941년 12월 연희전문학교를 졸업하면서, 그동안 썼던 시들 중에서 19편을 골라 첫 시집 『하늘과 바람과 별과 시』를 간행하려 했으나 시국 사정으로 뜻을 이루지 못합니다. 일제가 미국 진주만을 기습 공격함으로써 태평양 전쟁을 도발합니다. 국내에서는 전시 동원 체제가 강화되고 공출과 수탈이 심해져요. 물자가 귀하고 통제가 강화됩니다.

윤동주와 친구들. 뒷줄 맨 오른쪽이 윤동주.
뒷줄 가운데가 문익환.

"하늘과 바람과 별과 시"

시집을 내기 어려워지자 윤동주는 수작업으로 세 권을 만들어 친구인 이양하와 후배인 정병욱에게 한 권씩 증정하고, 나머지 한 권은 자신이 보관합니다. 뒷날 학병에 나갔다 돌아온 정병욱이 작품 31편을 모아 발간한 것이 『하늘과 바람과 별과 시』 라는 시집입니다. 1948년 1월, 시인이 죽은 뒤에 세상에 알려지지요. 윤동주는 생전에 시집 한 권도 펴내지 못했던 불운한 시인이었던 것입니다.

발표된 시를 보면 다음과 같습니다. 광영중학교 시절에는 〈가톨릭 소년〉에 동시 「병아리」(1936년 11월), 「빗자루」(1936년 12월), 「오줌싸개지도」(1937년 1월), 「무얼 먹고사나」(1937년 3월), 「거짓부리」(1937년 10월) 등을 발표합니다. 연희전문학교 시절에는 교지 〈문우〉에 「자화상」, 「새로운 길」 등이 실립니다.

다음에 소개하는 「자화상」은 1939년 9월, 그의 나이 23세에 쓴 시입니다. "순연한 자기 관조의 정화를 보여 준다"는 평가를 받는 이 시는 나이에 비해 꽤 조숙한 편이지요.

자화상

산모퉁이를 돌아 논가 외딴 우물을 홀로 찾아가선 가만히
들여다봅니다.

우물 속에는 달이 밝고 구름이 흐르고 하늘이 펼치고
파아란 바람이 불고 가을이 있습니다.

그리고 한 사나이가 있습니다.
어쩐지 그 사나이가 미워져 돌아갑니다.

돌아가다 생각하니 그 사나이가 가엾어집니다.
도로 가 들여다보니 사나이는 그대로 있습니다.

다시 그 사나이가 미워져 돌아갑니다.
돌아가다 생각하니 그 사나이가 그리워집니다.

우물 속에는 달이 밝고 구름이 흐르고 하늘이 펼치고
파아란 바람이 불고 가을이 있고 추억처럼 사나이가 있습니다.

20세를 전후하여 10여 년간 전개된 그의 시는 청년기의
고독과 정신적 방황, 조국을 빼앗김으로써 삶의 현장을 박탈당
한 동일성의 상실이 그 원천을 이룬다고 합니다.
윤동주의 후기 작품으로는 「서시」, 「또 다른 고향」, 「별

헤는 밤」 등이 있지요. 사람마다 평가가 다르기는 하지만 보통 「서시」를 대표작으로 꼽습니다. 가히 '국민 시'라고 불러도 손색이 없을 만큼 널리 알려진 시예요.

서시

죽는 날까지 하늘을 우러러
한 점 부끄럼이 없기를,
잎새에 이는 바람에도
나는 괴로워했다.
별을 노래하는 마음으로
모든 죽어가는 것을 사랑해야지
그리고 나한테 주어진 길을
걸어가야겠다.

오늘 밤에도 별이 바람에 스치운다.

한 평론가는 이 시를 "내용적인 면에서 세 연으로 나눌 수 있는데, 첫째 연은 '하늘→부끄럼', 둘째 연은 '바람→괴로움', 셋째 연은 '별→사람', '길→운명'을 중심으로 각각 짜여 있다"고 분석합니다(김재홍, 「운명애와 부활정신」).

「별 헤는 밤」은 죽음과 부활의 정신을 핵심으로 담고

있습니다. 죽은 조선 민족이 부활했으면 하는 소망을 담았겠지요. 마지막 부분을 소개합니다.

나는 무엇인지 그리워
이 많은 별빛이 내린 언덕 위에
내 이름자를 써보고,
흙으로 덮어버리었습니다.

딴은 밤을 새워 우는 벌레는
부끄러운 이름을 슬퍼하는 까닭입니다.

그러나 겨울이 지나고 나의 별에도 봄이 오면
무덤 위에 파란 잔디가 피어나듯이
내 이름자 묻힌 언덕 위에도
자랑처럼 풀이 무성할 게외다.

윤동주의 시는 짙은 서정성에도 불구하고 조국의 부활(독립)을 은유하는 내용을 담고 있습니다. 「새벽이 올 때까지」는 이러한 의지가 더욱 결연하게 드러납니다.

새벽이 올 때까지

다들 죽어가는 사람들에게
검은 옷을 입히시오.

다들 살아가는 사람들에게
흰옷을 입히시오.

그리고 한 침대에
가즈런히 잠을 재우시오.

다들 울거들랑
젖을 먹이시오.

이제 새벽이 오면
나팔소리 들려올 게외다.

윤동주는 조국 해방(새벽)을 바라면서, 칠흑 같은 어둠의 시대를 보내어야 했습니다. 그 연장선에 있는 시가 「길」입니다. 여기서 말하는 '잃어버린' 길은 곧 항일 투쟁의 길을 잃고, 친일에 정신이 팔린 지식인들에게 보내는 경고의 의미였을 겁니다.

길

잃어버렸습니다.
무얼 어디다 잃었는지 몰라
두 손이 주머니를 더듬어
길에 나아갑니다.

돌과 돌과 돌이 끝없이 연달아
길은 돌담을 끼고 갑니다.

담은 쇠문을 굳게 닫어
길 위에 긴 그림자를 드리우고

길은 아침에서 저녁으로
저녁에서 아침으로 통했습니다.

돌담을 더듬어 눈물짓다
쳐다보면 하늘은 부끄럽게 푸릅니다.

풀 한 포기 없는 이 길을 걷는 것은
담 저쪽에 내가 남어 있는 까닭이고,

내가 사는 것은, 다만,
잃는 것을 찾는 까닭입니다.

살육과 수탈이 극에 이르던 일제 말기를 떠올려볼까요. 그야말로 "풀 한 포기 없는" 조국에서 "담은 쇠문을 굳게 닫어" 있는 폭압 속에서 "내가 사는 것은" 다만 "잃는 것을 찾는"(잃어버린 조국 해방)의 까닭이란 은유에서 청년 윤동주의 순정한 영혼(애국심)을 찾을 수 있습니다.

윤동주는 나라 없는 백성으로서 사는 슬픔을 신앙으로 달랬습니다. 그의 시 「십자가」에는 예수 그리스도처럼 불의한 세력과 싸우다가, "십자가가 허락된다면" 순교를 마다하지 않겠다는 의지가 담겨 있습니다. 일부를 여기에 소개합니다.

괴로웠던 사나이,
행복한 예수 그리스도에게처럼
십자가가 허락된다면

모가지를 드리우고
꽃처럼 피어나는 피를
어두워가는 하늘 밑에
조용히 흘리겠습니다.

일본 감옥에서 당한 의문의 죽음

윤동주는 1942년 조선총독부의 광기 넘치는 억압에 견디지 못하고, 차라리 일본으로 건너가 싸우겠다고 마음먹습니다. 도쿄 릿쿄대학 영문과에 입학했다가 5개월 후 중퇴하여 도쿄시 도시샤대학 문학부로 전학해요. 여기서 이른바 '불령선인'(항일 조선인)으로 지목되어 일본 경찰의 주목을 받게 됩니다. 귀향 길에 오르기 전 사상범으로 체포되어 교토의 카모가와 경찰서에 구금되지요. 이듬해 교코지방재판소 제일형사부는 그에게 징역 2년을 선고합니다. 판결문에서 "윤동주는 어릴 적부터 민족학교 교육을 받고 사상적·문학적으로 심득했으며 친구 김화 등에 의해 대단한 민족의식을 갖고 내선(일본과 조선)의 차별 문제에 대해 깊은 원망의 뜻을 품고 있었고, 조선 독립의 야망을 실현시키려는 망동을 했다"라고 판시합니다.

윤동주는 1945년 2월 16일 일본 후쿠오카형무소에서 사망합니다. 이에 대해 일본인 평론가 고오노 에이지는 '규슈제국대학 생체 해부 사건'과 연관이 있다고 해요. 윤동주가 '이름 모를 주사'를 맞고 사망했다고 주장합니다. 1945년 5월부터 6월까지 규슈제국대학 의학부에서 B29의 탑승원 8명에게 농도 짙은 식염수 주사를 주고 생체 해부한 사건이 있었고, 이에 관한 재판이 진행되었습니다. 전쟁에서 수혈이 필요한 환자에게 식염수를 대용으로 주입할 수 있는가를 실험한 거라고 해요. '불령선인' 윤동주에게 '이름 모를 주사'를 놓았다면 아마도 생체 실험 목적이었을 거라는 겁니다.

윤동주의 유해는 간도에 있는 유족에게 인도되어 그해 3월 장례식을 치른 후 간도 용정에 묻힙니다. 이렇게 29년의 짧은 삶을 접었지만, 100여 편의 주옥같은 시는 우리 곁에 영원히 남아 있고, 순결한 그의 생애는 항상 의롭게 살고자 한 사람들의 지표가 되고 있습니다.

마지막으로 학창시절 친구였던 고 문익환 목사의 헌사 일부를 소개합니다.

그의 시는 곧 그의 인생이었고, 그의 인생은 극히 자연스럽게 종교적
이기도 했다. 그에게도 신앙의 회의기가 있었다. 연전(연희전문학교) 시
대가 그런 시기였던 것 같다. 그런데 그의 존재를 깊이 뒤흔드는 신
앙의 회의기에도 그의 마음은 겉으로는 여전히 잔잔한 호수 같았다.
시도 억지로 익히지 않았듯이 신앙도 성급히 따서 익히려고 하지 않
았던 것이리라. 그에게 있어서 인생이 곧 난대로 익어가는 시요 신앙
이었던 것 같다.

전 재산 팔아 신흥무관학교 세운 **이회영**

'삼한갑족'의 자제로 태어나다

우리나라 독립운동사에서 가장 중요한 역할을 하고도 제대로 알려지지 않는 분이 우당 이회영입니다. 역사의 진실은 언젠가는 반드시 밝혀진다는 진리대로, 최근 이회영과 그 일가 그리고 신흥무관학교의 존재가 알려지고 있는 것은 다행입니다.

조상 대대로 권세와 부를 누려온 이회영 6형제는 나라가 망하자 모든 기득권을 포기하고 전 재산을 팔아 60여 명 일족이 만주로 망명합니다. 그리고 신흥무관학교를 세워 독립군 장교를 육성하지요. 10년 동안 3500여 명의 졸업생들이 이후 의열단, 봉오동 전투와 청산리 대첩에 참가하고, 훗날 한국광복군과 조선의용대의 핵심 간부가 되지요.

이렇듯 6형제와 가족 대부분이 독립운동에 투신하고 그 과정에서 굶어 죽은 사람도 있었답니다. 유일하게 다섯째 동생만 살아서 귀국하고, 대한민국 정부가 수립되면서 초대 부통령이 됩니다만, 그마저 이승만 대통령의 독재에 저항하다가 밀려납니다. 여기서는 이회영을 소개하겠습니다.

이회영은 1867년 4월 21일 서울 저동에서 이조판서 이유승의 넷째 아들로 태어납니다. 어머니 정씨는 역시 이조판서를 지낸 정순조의 딸이었지요. 이회영의 직계 조상 중에는 좌의정,

우의정, 병조판서, 예조판서, 정언 등 정부 고위직을 지낸 분이 수두룩했습니다. 그래서 '삼한갑족'이란 평을 들었지요. 예전부터 문벌이 높은 집안을 일컫는 말입니다.

어린 이회영은 가문의 전통에 따라 한학을 수학하면서 명문가의 후예로서 남부럽지 않게 성장합니다. 서예와 시문은 물론 음악과 미술에 이르기까지 다재다능하여 주위의 부러움을 받았다고 합니다. 청년 시절에는 수학·역사·법학 등 신학문까지 배웁니다. 양반집 자제가 과거 공부에 전념하지 않고 신학문을 익힌 것은 지극히 이례적인 일이었습니다.

이회영의 청소년 시절에 큰 영향을 끼친 사람이 있으니 바로 이상설입니다. 이분은 북간도 용정에 항일 민족 교육의 보금자리인 서전의숙을 세우고, 고종 황제의 특사로 헤이그에 파견되는 등 국난기에 지도자 역할을 합니다. 이회영이 1867년생이고 이상설이 1870년생이니 세 살의 나이 차이가 있지만, 어려서부터 함께 배우며 친구로 지냅니다. 이상설이 신학문을 하면서 이회영도 함께 역사·수학·법학 등을 배웁니다.

그즈음 국내외의 정세는 요동치고 있었습니다. 강화도 조약 체결 후 조정은 1881년 외국의 문물을 배워 오도록 신사유람단을 일본에 보냅니다. 이듬해 임오군란이 일어나지요. 대원군이 청국으로 끌려가고, 1884년에는 갑신정변으로 큰 변화를 겪게 됩니다. 영국군이 우리나라 거문도를 불법 점거하던 1885년에는 청국의 실력자 위안스카이가 조선 주재 총리교섭 통상사의(전권 대사 이상의 위치)로 부임해 오지요. 당시는 우리나라가 청국의 속국 비슷한 처지여서 위안스카이의 영향력은 막강했답니다. 이회영은 위안스카이와 사귀게 되는데 나중에 중국으로 망명했을 때 많은 도움을 받게 돼요.

이회영은 아우 이시영을 비롯하여 함께 공부한 이상설과 친구들이 속속 과거에 급제하여 관직에 들어갈 때에도 학문에만 전념합니다. 관직보다는 불평등한 봉건적 인습과 계급적 구속을 타파하고자 노력하지요. 머슴들에게도 높임말을 쓰고, 양반과 상놈의 차별을 없애는 데 앞장섭니다. 권문세가 출신으로서는 쉽지 않은 선각자다운 실천이었지요.

이회영이 이 같은 일을 할 수 있었던 것은 조선 말기의 대문장가이자 사상가인 이건창·이건승 형제로부터 양명학을 배웠기 때문입니다. 당시 조선의 지배층은 주자학을 신봉하면서 입신출세를 도모했지요. 주자학이 본래는 훌륭한 유교 사상이었으나, 조선 중·후기에 와서는 형식적이고 의례적인데 치우치면서 개혁의 대상이 됩니다.

양명학은 형식보다는 실질을 중시하고 '지행일치' 즉 아는 것을 실천하고자 하는 학문이었지요. 이회영은 이러한 양명학의 이념을 앞장서서 실천한 지식인입니다.

그 당시 조선에는 서재필 등 개화파 지식인들이 독립협회를 조직하고 〈독립신문〉을 만들어 국민 계몽 운동을 펴고 있었어요. 이회영도 이 신문을 열심히 읽으면서 남궁억, 이상재 등 독립협회 지도자들과 사귀게 됩니다.

19세가 된 이회영은 당시의 관습대로 부모가 맺어준 달성 서씨 집안의 딸과 결혼을 합니다. 그러나 부인이 규룡, 규원, 규학 3남매를 낳고는 젊은 나이에 세상을 떠난 아픔을 겪습니다.

기득권 포기, 민중운동 앞장서

　　고종 황제가 국호를 바꾸는 등 자주독립을 향한 개혁을 추진하지만 부패 타락한 관리들과 무능한 지배층 탓에 형식적인 변화에 그치고 맙니다. 민중의 삶은 피폐해지고 곳곳에서 민중 봉기가 일어나요. 이권을 노리고 외세가 침입하는데, 특히 일본은 그 침략적인 속성을 드러냅니다. 명성황후를 죽이고 한국의 내정을 간섭하기에 이르지요. 의병들이 일어나 국권 수호 운동에 나섭니다. 정부는 대외적으로 자주 독립국임을 선언하지만 실효를 거두지 못하고 외세의 침탈은 더욱 심해집니다.

　　이회영은 의병 전쟁을 지원하고 인재를 모아 구국 투쟁을 전개하려면 자금이 필요하다는 것을 알게 됩니다. 그동안 동지들 모임이나 각종 행사 비용을 전담하다시피 했지만, 아무리 부잣집 아들이라도 한계가 있었지요. 그래서 친구들과 개성 근처에 인삼밭을 일구고 제재소를 여는 등 자구책을 마련합니다. 그러나 아쉽게도 성공을 거두지 못해요.

　　시국은 점점 어려워져 갑니다. 애국 청년들은 서울 종로에서 '만민공동회'를 열어 외세의 이권 침탈을 규탄하는 등 민중운동을 전개합니다. 이회영도 여기에 참가해요. 을사늑약이 맺어지고 러·일 전쟁이 벌어집니다. 이 무렵 이회영은 서울 상동교회 부설로 설립된 민족 교육 기관인 상동청년학원 학감으로 임명되어 청년 교육에 전력합니다.

　　당시 상동교회에는 많은 우국 청년들이 모여듭니다. 개화파 독립운동의 요람이라는 말이 나올 정도였어요. 여기에는 선각적인 기독교인이었던 전덕기 목사의 힘이 컸습니다. 당시 전덕기, 정순만 등 상동교회 출신이 중심이 되어 을사오적을 처단하는 암살단을 조직하기도 했지요. 이회영이 비용을 댔지만, 사전에 일본 경찰에 정보가 누설되는 바람에 실패로 돌아갑니다.

1907년 6월에 네덜란드의 수도 헤이그에서 44개국이 참가하는 제2차 만국평화회의가 열립니다. 이 사실을 알게 된 이회영과 친구들은 고심 끝에 특사를 파견하여 국제 사회에 일본의 한국 침략을 폭로하기로 합니다. 그리고 이 계획을 환관 안호영을 통해 고종에게 전하지요. 고종은 이회영이 전덕기 등과 상의하여 추천한 이상설, 이준, 이위종 3인을 헤이그로 보냅니다. 그러나 특사는 일본의 방해로 회의장에 들어가지 못하고, 이준은 현지에서 순국하지요. 일제는 그 책임을 물어 고종을 강제로 쫓아내고 순종을 즉위시킵니다. 일본이 우리 국정을 맘대로 쥐고 흔드는 시대가 된 것이지요.

이 같은 사태를 지켜본 이회영과 그의 친구들은 더욱 분개하여 1907년 4월 미국에서 돌아온 안창호를 중심으로 신채호, 노백린, 이동휘, 양기탁, 이탁, 조성환 등 쟁쟁한 투사들과 만나 비밀리에 신민회를 조직합니다. 신민회는 대성학교, 오산학교 등 사립 교육 기관을 설립하고 〈대한매일신보〉를 발행하면서 국민 계몽과 항일 구국 활동을 전개합니다. 여기에도 이회영은 적지 않은 기금을 댔지요.

이회영은 천성적으로 높은 지위나 감투를 탐하지 않았습니다. 그래서 조직을 하고 돈은 대지만, 윗자리는 모두 다른 사람에게 양보해요. 젊은 시절부터 아나키즘에 심취했기 때문인 것 같습니다.

아내를 잃은 이회영은 1908년 이은숙과 재혼합니다. 당시 이회영은 3남매가 딸린 중년 홀아비였고 신부는 명문 사대부가의 처녀였습니다. 이들은 상동교회에서 결혼식을 거행합니다.

당시 사대부 가문이 교회당에서 혼례를 치른다는 건 있을 수 없는 일이었습니다. 서민과 함께한다는 모범을 보인 것입니다. 이회영은 관습에 얽매이지 않는 선각자였습니다. 다음의 일화도 그러한 사실을 잘 보여주지요.

이회영은 여동생이 홀로 되자 그 처지를 안타까워합니다. 그러나 당시에는 재혼이란 상상도 할 수 없는 일이었지요. 평생 과부로 사는 것이 미덕으로 여겨지던 시절이었습니다. 결국 이회영은 여동생이 죽은 것처럼 가장하여 장례를 치릅니다. 그리곤 비밀리에 여동생을 먼 곳으로 보내 재혼시켜요. 나중에야 이 사실을 알게 된 부모들은 오히려 크게 기뻐하였다고 합니다. 그는 일찌감치 선각적인 청년 지사들과 사귀었습니다. 옳은 일이리라 믿으면 거침없이 실행하는 '행동하는 지식인'이었지요.

일제의 탄압이 날이 갈수록 심해지자 이회영은 해외 망명을 준비하면서 만주 지역에 독립운동 기지를 세울 만한 곳을 찾습니다. 그리고 1908년 여름 이회영은 러시아령 블라디보스토크를 다녀옵니다. 그곳은 특사로 파견되었던 이상설이 국내로 들어오지 못하고 망명 생활을 하던 곳이었어요. 낯선 이역 땅에서 다시 만난 두 사람은 밤을 새워 독립운동의 방략을 논의합니다.

모든 재산 팔아 신흥무관학교 세워

1910년 8월 29일 대한제국은 일본의 식민지가 됩니다. 이회영은 형제들을 만나 "지금까지 나라의 은덕으로 삼한갑족의 혜택을 누리며 잘 살아왔는데, 이제는 우리가 나라에 은혜를 갚을 때가 되었다"고 말합니다. 형제들의 뜻도 모두 같았습니다. 그들은 재산을 모두 팔아 만주로 망명하기로 합니다.

1910년 12월 말 6형제의 가족 40여 명과, 운명을 함께하겠다는 노비 20여 명은 한밤중에 압록강을 건너 만주 유하현 삼원보로 망명합니다. 이회영의 나이 44세 때였지요. 시집 온 지 2년밖에 안 되는 대갓집 딸 이은숙도 망명 가족을 뒷바라지하는 억척 여성이 됩니다.

이회영 일가는 통화현 합니하에 독립군 기지를 설치하고, 교포 청년을 교육하는 경학사를 세우고 이를 기반으로 신흥무관학교의 전신인 신흥강습소를 개설합니다. 신흥무관학교는 1920년까지 독립군을 양성하지요.

이회영은 뒷날 베이징에서 각급 독립운동 단체 조직의 핵심적인 역할을 하고도 간부직은 모두 다른 사람에게 양보합니다. 대신 뒤에서 지원하는 역할을 맡지요. 운영 자금이 바닥이 나자 비밀리에 국내로 잠입했다가 일본 경찰에게 붙잡히기도 합니다. 그의 부인 역시 기금 마련을 위해 네 차례나 국내로 들어와요.

1919년 3·1 혁명이 일어나고 상하이에 임시정부가 수립됩니다. 이회영은 이 과정에도 중요한 역할을 합니다. 아나키스트였던 그는 정부 형태 대신 위원회 중심의 독립운동 기관을 주장합니다. 그는 정부 형태로는 다양한 독립운동가와 집단을 모두 포용하기가 어렵고, 자리싸움이 생기기 쉽다는 이유를 들었지요. 그러나 그의 주장은 반영되지 않지요. 결국 이회영은 임시 정부를 떠나 베이징으로 갑니다. 그가 떠난 뒤 우려는 곧 현실이 됩니다. 분열·분파 활동이 심해지고 대통령으로 선출된 이승만 은 거듭된 실책으로 의정원에서 탄핵당해요.

'노블레스 오블리주'를 몸으로 실천한 이회영.

베이징으로 간 이회영은 1922년 이을규, 이정규, 유자명 등 과 러시아의 시인이자 사상가인 에로센코를 초청합니다. 러시아혁 명 과정에서 벌어진 공산주의의 모순성을 토론하고 '행동하는 자 유주의' 아나키스트 운동을 시작 합니다. 이 운동에는 신채호, 김 창숙 등이 참여하고 베이징대학 의 저명한 문학가 루쉰 그리고 타 이완 출신의 판번량 등과 연대하 게 됩니다.

이회영은 이 시기에 아나 키스트 운동의 표본으로 중국 후 난성 양도천에 이상촌 건설을 추 진합니다. 그리고 신채호, 김창숙, 류자명, 김원봉과 항일 무장투쟁을 위한 행동 조직인 의열단을 후원하는 한편 이을규, 이정규, 정화암, 백정기 등과 아나키스트 운동의 중심이 될 재중국 조선무정부주의자 연맹을 결성하고, 기관지 〈정의공보〉를 발간합니다.

이회영은 중국에서 무장투쟁의 주도권이 점차 공산주 의자들의 손으로 넘어가자 신흥무관학교 출신들을 모아 '신흥

학우단'을 조직하고 아들 이규학과 조카 이규준, 그리고 신흥학우단 출신들을 중심으로 하는 비밀 지하 단체 다물단을 조직, 지휘합니다. 다물단은 중국 내 독립운동 단체에 침투한 일본의 고등 밀정 김달하를 처단하는 등 큰 역할을 하지요.

이회영의 활동은 여기에 멈추지 않습니다. 1927년 중국 푸젠성 천주에 한국의 독립운동을 돕는 농민 자위군 운동에 참여하고, 중국의 저명한 아나키스트들과 상하이에 노동대학 설립을 추진합니다. 하지만 자금난에 부딪혀 이상촌과 노동대학 등은 그 뜻을 이루지 못하게 됩니다.

이 무렵 이회영의 베이징 집은 독립운동가들의 집결지였습니다. 지역, 계층, 연령을 불문하고 독립운동가들이 베이징에 오면 으레, 심지어는 몇 달 동안 머물렀지요. 신채호, 김창숙은 물론 소설 『상록수』의 작가가 될 심훈도 신세를 졌습니다.

이회영 내외는 재산이 바닥나서 궁핍한 속에서도 독립운동가들을 접대하고, 부인 이은숙이 몇 차례나 비밀리에 귀국하여 친정에서 기금을 갖고 오는 등 독립운동가들을 뒷바라지합니다. 심지어 부인이 마을 텃밭에 배추를 심어 독립운동가들에게 김치를 담가 주었다는 기록도 있지요.

독립운동 자금이 떨어지면 난초 그림을 그려 팔기도 했답니다. 이회영은 그림 솜씨가 대단했습니다. 대원군의 화법을 배운 이회영의 그림은 중국에서 널리 알려졌지요. 지금 서울의 우당 이회영 기념관에 그림 몇 점이 보관되어 있습니다.

이회영은 마음이 외로울 때면 손수 만든 퉁소를 불면서 자신은 물론, 고향을 떠나온 젊은 독립운동가들의 향수를 달래주었다고 합니다. 이회영은 우리 독립운동사의 큰 어른이었습니다. 그릇이 크고 인품이 훌륭하여 이념과 노선을 떠나서 독립운동가들은 친교를 맺고자 그의 곁으로 몰려 왔습니다.

'노블레스 오블리주'를 실천한 겨레의 사표

　　65세가 되는 1931년 일제의 만주 침략과 만보산 사건 등으로 만주 지역의 독립운동가들이 심히 어려운 처지에 놓이게 됩니다. 이회영은 상하이, 베이징 등으로 철수한 독립운동가들을 모아 '남화한인연맹'을 결성하고, 이어서 정화암·백정기, 중국인 왕야차오 등과 상하이에서 '항일구국연맹'을 조직합니다. 산하에 '흑색공포단'을 만들어 일본 영사관을 폭파하는 등 큰 전과를 얻습니다.

　　이회영은 침체된 독립 투쟁을 다시 전개하기 위해 동지들과 비밀리에 만주에 항일 의용군을 결성하고 독립운동 기지를 세울 계획을 갖고 홀로 다롄으로 출발합니다. 그러나 밀정에게 정보가 누설되어 도착하자마자 검거되어 모진 고문을 당합니다. 결국 이회영은 1932년 11월 17일 뤼순감옥에서 숨을 거두게 되지요. 그의 나이 66세, 망명 22년 만에 독립운동의 원로는 이렇게 순국합니다.

　　"무서운 깊이 없이 아름다운 표면은 존재할 수 없다"는 말이 있습니다. 이회영은 애국심, 인간성이나 철학, 신뢰감 그리고 화가로서의 예술성까지 '깊이'가 있는 분이었지요.

　　조선의 기득권 세력, 왕족이나 대신들 대부분이 매국하거나 친일파가 될 때 그와 그의 일족은 모든 기득권을 버리고 해외로 망명하여 무관학교를 세웁니다. 그리고 마지막 순간까지 독립운동을 하지요.

이회영은 모진 고문에도 끝내 만주 무장투쟁 계획과 동지들의 이름을 밝히지 않습니다. 그렇게 순국하게 된 것이지요. 이회영은 우리 역사에서 보기 드문, '노블레스 오블리주'(고위층 사람은 그만큼 더 많은 책임을 갖고 헌신하라) 정신을 실천한 겨레의 사표가 되었습니다.

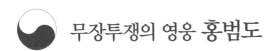

무장투쟁의 영웅 홍범도

머슴의 아들, 무인이 되다

　　홍범도 장군은 머슴 출신입니다. 그러나 나라가 망하고 왕족과 고관대작의 벼슬아치들이 국가와 민족을 배반할 때, 산 포수였던 그는 의병이 되고 빨치산 대장이 되고 대한독립군 총사령관이 되어 일본 침략군과 싸웁니다.

　　여러 대에 걸쳐 국가의 혜택을 받아오면서 좋은 옷 입고 잘 먹고 잘살았던 자들이 일제의 앞잡이 노릇을 할 때, 사회 최하층민으로 멸시와 천대만 받아왔던 그는 분연히 일어나 총을 들고 백두산과 만주 벌판 그리고 시베리아 설원을 누비면서 일제 침략자들과 싸웁니다.

　　희생도 컸습니다. 전투 중에 인질이 된 부인은 적군의 고문으로 죽고, 큰아들은 아버지와 함께한 일본군 섬멸 전투에서 전사합니다. 둘째 아들은 아버지를 따라 종군하다가 영양실조와 질병으로 죽습니다. 홍범도 자신은 스탈린에 의해 머나먼 중앙아시아 카자흐스탄으로 강제로 이주당하고, 그곳에서 극장 수위 생활을 하다가 해방 직전에 숨을 거둡니다.

　　해방 70주년이 다 되어 가는데도 그의 유해는 카자흐스탄의 크즐오르다 마을에 묻혀서 기약없는 귀환의 날을 기다리고 있습니다. 우리 역사책에는 봉오동 전투와 청산리 대첩의 지도

자란 몇 줄로 기록될 뿐이지요.

　　홍범도는 1868년 8월 27일 평안도 평양 외성 서문 안에 있는 문열사 앞에서 머슴의 아들로 태어납니다. 아버지 홍윤식의 본관은 남양 홍씨입니다만, 어머니는 이름은 물론 선대의 조상에 대해서도 알려진 것이 없습니다. 당시 하층 계급에는 일반적인 현상이지요.

　　홍범도가 태어난 지 7일 만에 어머니가 출산 후유증으로 세상을 떠납니다. 머슴살이 집안이었던 탓에 산후조리는커녕 제대로 먹지도 못했기 때문이에요. 태어날 때부터 불행하고 불운한 출발이었습니다. 아버지마저 9세 때에 돌아가십니다. 천애 고아가 된 홍범도는 15세까지 숙부 집에 얹혀살게 되지요. 그러나 숙부도 가난하기는 마찬가지였습니다.

　　홍범도는 이웃 마을로 머슴살이를 갑니다. 풀을 베어 오거나 이것저것 농사일을 도왔지요. 구박과 학대가 심했지만 건강하고 힘이 세어서 힘든 노동을 해낼 수 있었다고 합니다. 어린 나이에 머슴살이하면서 지주와 소작 관계, 양반과 상놈의 차이에 눈을 뜨게 되지요. 그가 태어나서 자랄 무렵 나라는 계속된 위기로 흔들리고 있었습니다. 강화도조약이 체결되고 임오군란이 일어납니다. 당시 조정에서는 5군영에서 뽑은 무관 80명으로 별기군을 설치하면서, 일본군 공병 소위 호리모토 레이조를 교관으로 초빙해 일본식 군복을 입고 일본 총을 사용케 합니다. 문제는 차별이었어요. 신식 군대인 별기군은 좋은 대우를 받았지만 하층민 출신의 구식 군졸들은 열 달 동안 봉급미(급료로 받는 쌀)를 받지 못할 지경이었습니다. 그나마 가까스로 받은 한 달 치 급료에는 모래가 반이나 섞여 있었답니다. 분노한 군인들은 봉기하여 일본 공사관에 불을 지르는 등 강력하게 항의합니다.

이 무렵 홍범도는 평양감영에 입대합니다. 1883년에 평양의 감영에서 병정을 모집한다기에 지원해요. 그가 입대한 것은 애국심이나 사명감이 아니라, 머슴살이보다는 나을 것이라는 생각 때문이었어요. 그러나 이것을 계기로 홍범도는 평생 무인의 길을 걷게 됩니다.

평양감영에 들어간 홍범도는 우영 제1대 소속의 나팔수가 됩니다. 사격술이 뛰어나 상관들을 놀라게 하지요. 임오군란으로 서울의 치안이 어려워지자 조정은 평양에 있는 병력 일부를 서울로 불러옵니다. 이때 홍범도도 서울로 오게 되지요. 난생처음 보는 서울의 풍경에 그는 감탄합니다. 번화한 거리에 사람과 물자도 많았지요.

홍범도의 부대는 치안뿐만 아니라 각지에서 발생한 민란의 진압이나 농민들의 세금을 징수하는 일에도 동원되었습니다. 그는 차츰 회의를 느낍니다. 조선 말기는 삼정(전정, 군정, 환곡)의 문란이 극에 달했던 시절입니다. 군대 내부도 마찬가지였어요. 부패와 구타가 심했습니다. 홍범도는 부패한 악질 장교와 시비 끝에 그를 때려눕히고 4년 동안의 군인 생활을 끝냅니다. 그리곤 함께 생활했던 친구의 말을 떠올립니다. 황해도 수안군에 제지소가 있는데 각지에서 사람들이 몰려든다는 것이었습니다. 홍범도는 여러 날을 걸어 그곳을 찾아갑니다. 그의 나이 19세, 머슴살이와 군인 생활로 단련된 그를 사장은 마음에 들어 합니다.

당시 제지소 주인은 동학교도였습니다. 그러나 인내천의 원리나 반상, 적서차별 철폐 등 사회 개혁의 정신이 아닌, 사교적인 믿음을 가진 사람이었어요. 이 사람은 월급도 제때 주지 않을뿐더러 동학교도가 되라며 억지를 부리지요. 마침내 폭력배까지 동원하자 홍범도는 분개하여 이에 맞섭니다. 결국 그곳에서 쫓겨난 홍범도는 다시 혼자가 되지요. 그러면서 세상의 모순과 불의를 깨닫게 됩니다. 비록 체계적인 교육은 받지 못했으나, 세상의 옳고 그름에 대한 판단력을 갖추고 있었던 것이지요. 남달리 정의감이 강하고 약자 편에 서는 걸 두려워하지 않았기에 따르는 사람이 많았다고 합니다.

산포수들 모아 의병 부대 조직

홍범도는 23세가 되던 1890년 금강산 신계사를 찾아갑니다. 우여곡절 끝에 지담 스님의 상좌(제자 가운데 가장 높은 사람)가 되지요. 말이 좋아서 상좌이지 절간의 잡일을 하는 행자나 다름없었습니다. 청년 홍범도는 그곳에서 귀동냥으로 스님의 법문과 설법을 들으며 차츰 마음의 평정을 찾습니다. 그의 생애에서 그나마 이때가 가장 안정된 시기였다고 할 것입니다.

신계사에서 1년여를 보내고 있을 즈음 인근 사찰의 여승을 만납니다. 단양 이씨라는 젊은 여승이었어요. 두 사람은 자신들의 신분도 잊은 채 연정을 느낍니다. 두 사람은 1892년 어느 날 몰래 절을 빠져나옵니다. 처녀의 고향인 북청으로 가서 농사를 지으며 살기로 하지요. 그러나 원산 근처에서 불의의 사고를 당합니다. 건달패들이 나타나 홍범도를 때려눕히고 처녀를 끌어가요. 한참 후 정신을 차리고 보니 여자는 사라지고 없습니다. 나중에 여자는 풀려나 고향으로 돌아가지만, 이런 사실을 알 길이 없는 홍범도는 강원도 회양의 산골에서 홀로 숨어 지냅니다.

그러는 사이 나라의 사정은 더욱 어려워져갑니다. 동학혁명은 좌절되고, 명성황후가 시해되는가 하면 단발령이 내려집니다. 일본이 사사건건 국정에 간섭하고, 민심이 폭발하면서 각지에서 의병이 일어납니다. 산골에서 화전을 일구며 수렵생활로 나날을 보내던 홍범도에게도 이 같은 소식이 전해지지요.

나라가 망해 가는데 언제까지나 산속에 있을 수는 없다고 생각한 홍범도는 1895년 8월 은거 생활을 접고 세상 밖으로 나옵니다. 그때 홍범도는 28세의 훤칠한 대장부가 되어 있었지요. 장안사에서 회양읍과 철원 방면으로 넘어가는 길목인 단발령 고개에서 쉬고 있는데 우연히 한 청년을 만납니다. 그의 생애를 바꾸는 '일대 사건'의 시작이었습니다. 김수협이라는 이 청년은 홍범도에게 의병을 일으켜 일제와 부패한 권세가들을 척결해야 한다고 말합니다.

의기투합한 두 사람은 일본 병사 10여 명을 기습하여 무라타 소총을 뺏습니다. 홍범도의 첫 전투는 그렇게 시작되지요. 홍범도는 관북 지역 산포수들을 모아 의병전을 준비합니다. 그는 뛰어난 사격술과 잡은 짐승을 공정하게 분배하는 지도력으로 산포수들의 신임을 얻습니다.

을사늑약 후 서울에 통감부를 설치한 일제는 한국 군대를 해산하고 이른바 '총포화약류 단속법'을 공포하여 한국인이 소지한 모든 무기를 거두어 갑니다. 사냥을 업으로 삼는 산포수들이 큰 타격을 입지요. 이들은 무기 반납에 단호히 반대하면서 저항합니다. 홍범도가 속한 산포수들이 선두에 섰지요. 함께 일제와 매국노, 친일파 척결에 나서게 됩니다. 통감부의 뒷배를 믿고 산포수들을 등쳐 먹는 일진회 회원들을 가차없이 처단하지요.

산포수들로 의병 부대를 조직한 홍범도는 1907년 12월 15일 갑산과 북청 간 도로에서, 24일에는 후치령에서 일본 수비대를 공격하여 큰 전과를 올립니다. 이후 신출귀몰한 홍범도 의병 부대는 곳곳에서 유격전을 벌여 일본군을 섬멸하지요. 일본 군들 사이에 '날아다니는 홍 장군'이라는 말이 나돌 정도였습니다. 일본군이 가장 겁내는 의병 대장이 된 것이지요. 이때 홍범도는 우연히 친정집에서 아들을 키우고 있던 아내를 만나게 됩니다. 하지만 행복은 오래가지 않아요. 1908년 일본군은 이씨 부인을 잡아다 고문하여 죽입니다. 그해 큰아들 홍양순도 정평 바배기 전투에서 사망하지요. 슬픔에 잠긴 홍범도는 다시 한 번 투쟁 의지를 다집니다.

홍범도 장군과 그의 의병대원들. 가운데가 홍범도.

1910년 6월 국내외 의병을 통합하는 '13도 의군'이 연해주에서 창설됩니다. 홍범도는 안장호, 이진룡 등 독립운동가들과 함께 동의원이라는 고위 직책을 맡지요. 그해 8월에는 나라가 망했다는 소식을 접한 홍범도는 독립운동가들과 '조선 병탄 무효'를 선언함과 아울러 일본인 거주지를 습격합니다. 이듬해에는 블라디보스토크의 항일 단체인 '권업회' 회장에 선임되지요. 그러나 1914년 제1차 세계대전의 발발로 러시아와 일본이 동맹국이 되면서 한국 독립운동가들은 근거지였던 블라디보스토크를 떠날 수밖에 없는 처지에 몰립니다.

홍범도 의병 부대는 중국과 러시아 접경 지역인 봉밀산으로 들어가 둔전병(농사일을 하면서 싸우는 군사)을 양성하는 한편 학교를 세우고 조선 이주민들을 교육합니다. 그러던 중 세계 역사를 뒤흔드는 러시아혁명이 일어납니다.

1918년 다시 블라디보스토크로 돌아간 홍범도는 김좌진, 박은식, 이동녕, 신채호, 윤세복, 이시영 등과 함께 무장투쟁만이 독립을 쟁취할 수 있다는 '대한 독립선언'을 발표합니다. 이것은 국내 3·1 혁명의 기폭제가 되었지요. 1919년 2월에는 연해주 지역의 독립운동 단체를 망라한 대한국민의회 결성에 참여하고, 산하에 대한독립군을 창설하여 총사령관에 취임합니다. 그의 나이 52세에 이르러 러시아 지역 독립군 총사령관이 된 것입니다.

1919년 10월 총사령관 홍범도는 대한독립군 정예 부대를 이끌고 국내 진공 작전을 전개하여 평안북도 강계 만포진에서 대승을 거둡니다. 나라가 망한 후 우리 독립군 부대가 국내로 들어와 일본군을 무찌른 것은 이것이 처음이었습니다.

봉오동 전투와 청산리 대첩의 주역

이제부터 일본군과의 본격적인 전투가 시작됩니다. 1920년 6월 7일 대한도독부 등 연합 부대를 지휘하여 일본군을 상대로 봉오동 전투에서 대승을 거둡니다. 그리고 10월에는 김좌진 장군의 대한군정서(북로군정서)와 함께 청산리 전투에서 대승을 거두지요. 일제 강점기에 일본 정규군과 싸워서 크게 이긴 봉오동 전투와 청산리 대첩의 지휘자는 홍범도였습니다. 우리 독립운동사에 가장 빛나는 승전이었어요.

봉오동과 청산리에서 참패한 일제는 대규모 군대를 동원하여 독립군을 추격하는 한편 이 지역 조선인들을 무차별 학살합니다. 홍범도는 1921년 1월 하순 700여 명의 부하를 이끌고 러시아령 아무르 주로 이동합니다. 그런데 6월에 아무르 주 자유시에서 일본군과 러시아군의 공작으로 대한독립군 내부가 분열하면서 수많은 사람이 죽고 조직이 와해되는 이른바 '자유시 참변'이 발생합니다. 수많은 우리 독립군이 이 사건으로 희생되었지요. 독립운동 역사상 가장 큰 비극이었습니다.

나라 잃은 설움은 계속됩니다. '자유시 참변' 이후 대한독립군은 러시아 적군에 편입되어 이르쿠츠크로 이동합니다. 이 과정에서 홍범도의 둘째 아들 홍용환이 병사하지요. 오랜 전투와 영양실조로 건강을 해친 탓입니다.

1922년 1월 러시아 수도 모스크바에서는 '극동 민족 대회'가 열립니다. 한국의 임시정부 대표와 각지의 독립운동가들이 대거 참석하지요. 이에 앞서 제1차 세계대전 승전국들이 워싱턴에서 태평양 회의를 열어요. 승전국인 미국, 영국, 프랑스, 일본 등이 아시아·태평양 일대의 신질서 수립을 논의하기 위한 자리였지요. 이러한 사실이 알려지면서 임시정부와 각 지역 독립운동가들은 큰 기대를 겁니다. 식민시 국가의 해방 문제가 논의될 줄 알았던 것이지요. 그러나 실상 회의에 참석한 전승국들은 자기 잇속 챙기기에만 열을 올렸습니다. 그래서 더욱 극동 민족 대회에 기대를 품었는지도 모릅니다. 김규식, 여운형, 이동휘, 조봉암 등 총 56명이 여기에 참석합니다.

당시 러시아의 지도자였던 레닌은 고려혁명군 대표 자격으로 회의에 참석한 홍범도를 특별하게 예우합니다. 항일 투쟁에서 혁혁한 공을 세운 것을 높이 평가한 것입니다. 레닌으로부터 이름이 새겨진 권총 한 자루와 금화 100루블을 선물로 받지요. 그런데 이것이 훗날 공산주의자라는 음해를 받는 사유가 됩니다. 신출귀몰한 전술 전략으로 일본군을 격파하고 거둔 혁혁한 전공은 묻어 두고, 공산주의자 레닌에게서 선물을 받았다는 이유로 좌경 · 용공으로 몰았던 것입니다. 그런 이유로 홍범도는 해방 후에 정당한 평가를 받지 못합니다.

모스크바 회의를 마친 홍범도는 이르크츠쿠로 돌아옵니다. 그러나 러시아의 정세는 홍범도에게 불리한 방향으로 전개되지요. 일본과의 조약에 따라 철수한 일본군이 재침입하는 것을 막는다는 명분으로 러시아 정부는 한국인 무장 병력을 강력하게 통제합니다. 홍범도 부대는 무장이 해제된 상태에서 러시아군으로 편입돼요. 홍범도는 자신을 따르는 부하들과 함께 극동 러시아의 여러 지역을 돌아다니면서 재기를 시도합니다. 동포와 부하들의 생계를 위해 협동 농장을 일구지요. 하지만 러시아 관헌들이 나타나, 국적이 없는 한인들은 농지를 소유할 수 없다는 이유로 쫓아냅니다. 홍범도는 러시아공산당에 입당하여 동포들을 보호하고 합법적으로 협동 농장을 경영할 수 있도록 합니다. 그를 비판하는 사람들이 공산주의자라며 매도하는 또 하나의 이유예요.

카자흐스탄에서 맞은 쓸쓸한 최후

전쟁과 혁명의 소용돌이 속에 빠져들던 러시아에서 홍범도는 커다란 비극을 맞이하게 됩니다. 그동안 홍범도를 아끼고 이해했던 레닌이 죽고 독재자 스탈린이 러시아의 권력을 차지하게 된 것입니다. 그는 극동 지역에 거주하는 한국인을 쫓아내는 강제 이주 정책을 폅니다. 1937년 10월 홍범도를 비롯하여 극동 러시아 한인 17만여 명이 기차에 실려 중앙아시아로 추방됩니다. 척박한 사막 지대에 팽개쳐진 한인들은 억척스럽게 땅을 파고 수로를 만들어 벼농사를 짓는 등 생계를 꾸립니다.

제2차 세계대전이 일어나고 일본은 독일과 한패가 되면서 러시아의 적국이 됩니다. 홍범도는 러시아군 사령부를 찾아가 군대에 자원합니다. 권총으로 100미터 떨어진 유리병을 쏘아 맞히는 사격 실력을 과시하지만 일흔이 넘은 그를 러시아군은 받아주지 않습니다.

한인들이 가장 많이 사는 크즐오르다에 한인극장이 세워지면서 홍범도는 이 극장의 수위로 생활합니다. 일본군을 두려움에 떨게 했던 독립군 지도자는 그렇게 이역만리에서 나라 없는 설움을 온몸으로 겪으며 말년을 맞습니다. 자신의 수명이 얼마 남지 않았음을 감지한 그는 집에서 기르던 돼지를 잡아 옛 부하들과 동포들을 불러 잔치를 벌였다고 합니다. 그리고 마침내 1943년 10월 25일 재혼한 부인과 동료들이 지켜보는 가운데 크즐오르다 산체프나야 거리 2번지 자택에서 눈을 감습니다. 76세의 파란 많았던 생애였지요.

항일 무장투쟁의 제1인자요 봉오동 전투와 청산리 대첩의 주역이자 일제가 가장 두려워했던 빨치산 대장이었던 홍범도 장군은 조국 해방을 불과 2년여 앞두고, 단 한 명의 혈육도 남기지 않은 채 모든 것을 조국 해방의 제단에 바치고 서거하였습니다. 유해는 카자흐스탄 크즐오르다에 남아 있지요.

끝으로 홍범도 장군을 연구해 온 반병률 교수의 글을 소개합니다.

국난을 당한 나라에서 산야의 이름 없는 백성으로서 스스로 몸을 일으켜 원수와 투쟁함으로써 백성들로부터 주어진 '장군'의 칭호로 불린 홍범도. 그는 사람됨이 소박하고 성실하여 청렴하고 명예를 탐하지 않았다고 한다.

대의를 위해서는 다른 사람에게 몸을 굽히는 것을 꺼리지 않아서, 봉오동 전투 전에 국민회의 군사 조직이 최진동의 부대와 연합할 때는 최진동의 아래 지위에, 청산리 전투 후에 밀산에서 전체 독립군이 통합할 때는 서일의 아래 지위에 앉는 것을 사양하지 않았다.

그동안 청산리 전투와 홍범도 장군의 참모습이 참으로 너무나 오랫동안 가려져 왔다.

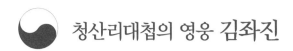

청산리대첩의 영웅 김좌진

노비 해방에 나선 부잣집 아들

한동안 우리나라 역사학계와 언론에서는 '일제시대'라는 표현을 썼습니다. '일제 강점기'라는 용어로 대치되었지만 지금도 습관적으로 그렇게 쓰거나 말하는 사람들이 적지 않아요. '일제시대'라는 표현은 대단히 잘못된 것입니다. 일제가 조선을 지배한 것은 사실이지만, 모든 것을 지배했던 것이 아니었거든요.

한민족은 국내외에서 치열하게 독립운동을 벌이고, 대한민국 임시정부가 수립되었으며, 끊임없이 무장투쟁이 전개되었습니다. 독립운동의 방법 중에 어느 것 하나 중요하지 않고, 희생이 따르지 않은 것이 없었지만, 무장투쟁만큼 소중하고 희생이 많았던 독립운동은 없었지요.

무장투쟁의 주역 중의 주역이 바로 지금 소개할 김좌진 장군입니다. 홍범도 장군과 쌍벽을 이룬다고 해야겠지요. 이분들에 의한 봉오동 전투와 청산리 대첩이 있었기에 우리나라 독립운동사는 더욱 빛이 납니다. 일본이 통치한 36년을 '일제시대'로 표기해서는 안 되는 이유지요.

김좌진은 1889년 11월 24일(음력) 충남 홍성군 고남하도면 행촌리(지금의 갈산면 행산리)에서 아버지 김형규와 어머니 한산

이씨의 차남으로 태어납니다. 위로 경진, 밑으로 동진이 있었지요. 자는 '명여'이고 호는 '백야'였어요. 십안은 홍주의 명문가였답니다. 문중에서는 독립운동에 참여한 인물이 많았어요.

김좌진의 집은 상당한 재산가였습니다. 대궐 같은 집에 노비가 50여 명이나 되었다고 해요. 어릴 적에는 글공부보다 활쏘기, 말 타기, 병정놀이 등을 하면서 체력을 단련합니다. 어려서 송아지를 번쩍 들어 던졌다든지, 마을에 있는 큰 돌을 마치 공깃돌처럼 가지고 놀았다는 얘기가 전할 정도로 힘이 장사였다고 합니다. 문사보다 항우 같은 무사에 더 관심을 가졌다고 해요. 『삼국지』, 『수호지』 등을 즐겨 읽었는데, 훗날 청산리 대첩 등에서 활약하는 데 이때 읽은 책의 전술 전략이 큰 도움을 주었다고 합니다.

그렇다고 글공부를 게을리한 것은 아닙니다. 홍주 의병 총수였던 김복한으로부터 직접 배우면서 인간의 도리와 정의감, 민족 문제에 관심을 갖게 되지요. 또 김복한의 조카 김석범에게 계몽사상을 공부합니다. 우리나라 독립운동가 중에서 문·무를 겸비한 인물 중의 한 분이 바로 김좌진입니다.

김좌진은 자신의 집안 노비 50여 명을 해방시키고 재산을 나누어 준 것으로 유명합니다. 당시 노비 제도가 공식적으로는 1894년 갑오개혁 때에 폐지되었지만, 여전히 존속되고 있었지요. 김좌진은 이를 결행할 만큼 선각자였습니다.

김좌진은 이후 본격적인 구국 계몽 운동에 나섭니다. 호명학교 설립에 참여하여 구국 교육 운동을 시작해요. 국권이 침탈당한 것은 국민이 깨이지 못해서였다고 믿은 까닭입니다. 전국 각지에서 선각자들에 의해 교육 기관이 생겨나고 있을 때였습니다. 호명학교는 이후 갈산공립보통학교로 개편하여, 학생 수가

1908년에는 100여 명에 달했다고 합니다. 중등과와 소학과로 나누고 법률과를 설치하는 등 근대적인 학문을 지역에 전파하지요.

1907년 김좌진은 서울로 올라옵니다. 대한제국이 처한 상황을 직접 살펴보기 위해서였습니다. 부인도 동행하지요. 스스로 단발을 한 그는 서울에서 민족 운동가들과 교류합니다. 당시 안창호, 신채호, 이승훈, 이동녕, 이회영 등이 조직한 비밀 단체 신민회가 활동 중이었는데, 김좌진이 여기 참여했다는 기록은 없습니다. 그러나 지도급 인물 외에는 회원 명단에 없다는 점, 김좌진이 서울에서 교우한 인사들이 대부분 신민회 간부들이었다는 점으로 미루어 그도 신민회 활동을 했을 가능성이 큽니다. 신민회는 일제 침략 초기 대표적인 국권 회복 운동 단체였지요.

그러나 결국 우국지사들의 노력에도 불구하고 1910년 8월 29일 나라는 일제에 국권을 빼앗기고 식민지가 됩니다. 이때부터 김좌진은 나라를 찾기 위한 방법을 모색하기 시작해요. 군자금을 모아 서간도 지역에 독립운동 기지를 건설하겠다는 야심찬 계획을 세웁니다. 이것은 1910년 3월에 신민회 간부 회의에서 채택한 다섯 과제 중의 하나였습니다.

자금이 필요했던 김좌진은 서울에 염직회사와 이창양행을 설립합니다. 이와 더불어 의병 출신들을 규합하여 비밀 조직을 만들지요. 의병들과 접촉한다는 정보를 입수한 일경이 어느 날 이창양행을 급습합니다. 이때 담대했던 김좌진은 의병 명단을 불태운 뒤에야 문을 열어 주었다고 해요. 하지만 이 사건으로 김좌진은 구속되어 2년 형을 선고받고 서대문형무소에서 복역하다가 1913년 9월 출소합니다.

그뒤 고향으로 내려가 독립운동을 전개하다가 또다시 체포되어 9개월간 수감 생활을 하지요. 풀려난 그는 다시 서울로 올라와 대한광복회 총사령관 박상진, 충청도 지부장 김한종 등을 만나고, 대한광복회 부사령관을 맡게 됩니다. 총사령관 박상진과는 의형제를 맺을 만큼 친분이 두터웠다고 해요. 대한광복회는 국내는 물론 해외에도 조직을 가진 1910년대 대표적인 비밀결사였습니다. 박상진과 김좌진은 만주와 국내를 왕래하면서 항일 투쟁을 전개합니다. 이 일로 김좌진은 일제에 붙잡혀 3년 동안 서대문형무소에서 감옥살이를 합니다. 석방된 이후에는 망명 생활을 시작해요.

만주 망명, 청산리 대첩의 영웅

김좌진은 1917년 9월 총사령관 박상진과 협의하며 만주 목단강 지역에 사관학교 설치를 추진합니다. 그러나 국내 조직망이 일경에 발각되고 박상진, 채기중 등이 체포되면서 이 계획은 중단됩니다.

1919년 초가 되자 김좌진은 중국 길림에서 김교헌, 김동삼, 김약연, 이동휘, 이승만, 이시영, 박용만, 박은식, 신채호, 안창호 등 민족 지도자들의 이름으로 발표된 '대한 독립선언'에 서명하고 여준, 이상룡, 유동열, 박찬익 등이 결성한 길림군정서의 참모가 되어 무장투쟁을 시작합니다.

국내에서 3·1 혁명이 일어나자 김좌진은 이에 맞춰 8월 서일 총재의 초청으로 대한정의단에 참여하여 사령관의 중책을 맡고 군사 부문을 전담하지요. 이해 12월 대한정의단이 대한군정서로 개편됨에 따라 다시 대한군정서(북로군정서)의 사령관을 맡게 됩니다. 대한군정서는 만주 왕청현 서대파에 사관연성소를 설치

무장 독립 전쟁의 주역 김좌진 장군.

하고 독립군 양성에 주력하지요.

1920년 5월 대한군정서는 대한국민회, 대한신민회, 군부도독부, 대한광복단, 대한의군부 등과 연합하여 재북간도 각 기관 협의회를 추진했으나 실패하고, 서로군정서와 협조 체제를 구축합니다. 3·1 혁명 후 조국 광복에 뜻을 둔 애국 청년들이 만주로 건너가 조직했던 각급 항일 무장 단체들의 통합과 연대가 이루어졌지요.

김좌진은 1920년 9월 사관연성소 졸업생들을 중심으로 대한군정서군을 조직하고 화룡현 청산리로 이동하여 일제 정규군과 전쟁을 벌입니다. 10월 21일부터 6일 동안 김좌진이 이끄는 대한군정서군과 홍범도의 대한독립군, 안무의 국민군 등 독립군 연합 부대 약 2000여 명이 두만강 상류 화룡현 일대와 백운평에서 5000여 명의 일본 정예 부대와 맞서 싸웁니다. 이 전투에서 일본군 야마다연대 300여 명을 사살하는 전과를 올리지요. 독립운동사에 길이 남을 대승이었습니다. 김좌진은 일제의 보복 작전을 피해 부대를 이끌고 러시아령 아무르주로 이동합니다. 거기서 대한독립군, 서로군정서 등과 연합하여 대한독립군단을 결성하고 부총재를 맡지요. 이때 대한군정서군 일부가 자유시로 들어가지만 김좌진은 다시 만주로 돌아옵니다. 이후 이때 만들어진 대한독립군단은 와해됩니다.

1922년 8월 의군부, 독립단, 광복단, 국민회, 신민단, 의민단, 대진단 등이 연합하여 대한독립군단이 재 결성되고 김좌진은 군사 부위원장 겸 총사령관에 취임합니다. 이 시기 만주 지역의 독립군을 지휘하는 총사령관이 된 것이지요.

김좌진의 한결같은 꿈은 우리 독립군이 국내로 진공하여 일제를 몰아내고 독립을 쟁취하는 것이었습니다. 이를 위해서는 군자금이 필요했지요. 측근 유정근을 국내에 보내 보천교(1911년 차경석이 창시한 종교)로부터 자금 지원을 받기도 하지만 사관학교 설립 비용에는 미치지 못해요.

1925년 3월 김좌진은 영안현에서 북만주 지역 독립운동 단체를 통합하여 신민부를 조직합니다. 신민부는 대한군정서의 후신으로 위원장 김혁, 민사 최호, 군사 김좌진, 재무 최정호 등의 체제였습니다.

신민부의 군사력은 5개 대대 350명 정도로 출발했으나, 영안을 중심으로 북만주의 중동선 일대와 북간도 북부까지 세력을 확장합니다. 행정 조직을 정비하고, 기관지 〈신민보〉 발행과 학교 설립 등 문화 계몽 사업을 폅니다. 군사, 행정, 문화, 실업 각 방면에서 실적을 쌓았지요. 김좌진은 군사부 책임자로서 무장 전쟁에도 대비합니다.

중국의 정세가 바뀌면서 우리 독립군은 가끔 일제와 중국군의 합동 공격을 받게 됩니다. 1927년 2월 중·일 합동군의 공격으로 신민부 간부들이 체포되지요. 신민부는 교육과 산업에 치중하여 장기전에 대비하자는 민정파와 무장투쟁을 전개하자는 군정파로 나뉘게 됩니다.

김좌진은 중앙집행위원장이 되어 군정파를 이끄는 한편 독립운동의 지도자 김동삼과 만나 정의부, 참의부, 신민부의

3부 통합을 논의합니다. 하지만 출신과 노선의 차이를 조정하지 못하여 통합은 쉽지 않았지요.

결국 통합이 결렬되자 김좌진은 김승학, 김동삼 등과 혁신의회를 조직하고 '민족유일당 재만책진회' 중앙집행위원을 맡습니다. 모든 정파, 세력을 통합하여 민족 전선을 형성하고자 하지만 이 역시 쉽지가 않았답니다.

농촌 운동에 헌신하다

김좌진은 한때 민족 종교인 대종교에 들어가 활동하고, 1929년 7월부터는 사촌 동생 김종진과 유림의 영향을 받아 아나키즘을 연구합니다. 아나키즘을 수용한 그는 '재만 조선 무정부주의자 연맹'과 연합하여 영안현에서 '한족총연합회'를 조직하고, 중앙집행위원장을 맡지요.

한족총연합회는 다양한 활동을 전개하는데, 대표적인 사업은 농촌의 자치 조직을 결성하여 만주에 살고 있는 동포들의 경제력을 키우는 것이었습니다. 김종진, 이을규 등의 도움으로 조직을 확장해 나가지요. 이 운동은 당시 조선공산당 만주총국과 여기에 동조하는 '재만 조선 반제동맹' 등 사회주의 계열 조직으로부터 심한 견제를 받아요. 자신들의 영향력이 감소한다는 이유였어요.

김좌진은 1929년 10월 농촌 자치 조직 관할 하에서 생활하는 농민들의 이익과 편의를 위해 산시에 정미소를 설치하여 운영합니다. 그동안은 중국인이 운영하는 정미소에서 비싼 값을 내야 했기 때문이에요. 그는 정미소뿐만 아니라 공동 구입, 공동

판매, 경제적 상호금고 설치 등의 사업을 시작합니다. 이로써 농민들의 신뢰를 얻고 동포들의 경제력도 날로 향상되지요.

　　김좌진이 서두른 사업 중 또 하나는 교육 활동이었습니다. 학교를 세워 동포 자제들에게 민족의 자주독립과 상호 부조 정신, 농촌 생활에 필요한 기술을 가르치고, 아나키즘 이론도 학습시킵니다. 이 같은 교육 활동의 궁극적인 목표는 독립군을 길러내는 것이었어요. 교민들의 역량을 키워 무장 병력을 육성하고, 그 힘으로 국내에 진공하여 일제를 몰아내자는, 무장 독립 전쟁의 준비였지요. 하지만 김좌진의 이러한 꿈은 허무하게 무너지고 맙니다.

　　1930년 1월 24일 공산주의자 박상실의 흉탄에 맞아 산시의 정미소에서 숨을 거두고 말아요. 향년 42세, 무장 독립 전쟁의 주역 김좌진은 이렇게 허무하게 죽음을 맞고, 동포들의 사회장으로 장례를 치러 인근 자경촌에 안장됩니다. 1934년 4월 유해는 고향인 홍성으로 옮겨 김씨 종산에 묻힌답니다.

3부
평화는 우리의 힘으로

민족의 기백과 의열 투쟁

국적 이토 죽이고 동양평화론 편 안중근

정의감이 강했던 소년

순국 100주년을 넘기고도 국민의 마음에 남아 오늘날까지 역사의 현장으로 뚜벅뚜벅 걸어 나오는 애국자가 있으니, 그의 이름은 안중근입니다. 그는 젊은 나이에 그 누구도 할 수 없는 일을 실행했습니다. 나라의 원수 이토 히로부미를 죽이고, 일제의 감옥에서 당당하게 원수의 죄상을 밝힘은 물론 갖은 회유와 협박도 겁내지 않는 기개를 보였습니다. 또한 동양과 세계인을 위하여 '동양평화론'을 제시하였습니다.

오늘날 그가 간절히 소망하던 '동양 평화'는 아직 오지 않았습니다. 외려 일본은 또다시 제국주의 칼날을 세우고 있지요. 오늘날 우리가 안중근의 위대한 생애와, '동양 평화 사상'을 곱씹는 이유입니다.

안중근은 1879년 9월 2일 황해도 해주에서 아버지 안태훈과 어머니 조마리아 사이에서 맏아들로 태어납니다. 태어날 때부터 가슴과 배에 북두칠성 모양의 흑점이 있어 아명을 '응칠'이라 지었다고 합니다. 가문은 무반(무관 신분)의 호족으로 대대로 해주에서 세력과 명망을 이어온 집안이었지요. 5대조 안기옥 대부터 할아버지 안인수 대까지 무과 급제자만 7명일 만큼 명망이 높았습니다. 그러다가 할아버지가 미곡상 경영을 통해 상당한 재산을 축적하고 해주, 봉산, 연안 일대의 많은 토지를 소유하면서 황해도에서 두세 번째 가는 부자가 되었다고 합니다.

부자 할아버지는 자식들을 관직에 내보냅니다. 둘째 아들 안태현은 초시에, 셋째 아들 안태훈은 진사에 합격하지요. 안태훈이 바로 안중근의 아버지입니다. 안태훈은 학식과 명망이 높아서 황해도에서 존경을 받는 어른이었습니다. 한때 동학 농민 혁명이 국가에 대한 반란이라고 생각하고 진압에 나서기도 하지만, 농민군이 일본군과 싸워 패했을 때, 소년 접주(동학 조직인 '접'의 우두머리)였던 김구의 인물됨을 알아보고 자기 집으로 데려올 정도로 의협심이 높고 나랏일을 걱정하는 인물이었지요.

유복한 가문에서 태어난 안중근은 할아버지, 부모님의 사랑을 흠뻑 받으면서 자랍니다. 그러나 글공부에는 별로 소질이 없었던 것 같습니다. 공부를 시작한 지 8~9년 동안에 겨우 보통 수준의 한문을 깨우칠 정도였다고 하니까 말이지요. 그 대신 사냥과 말타기를 즐겨 하고 무예를 익히는 일에 열중했다고 합니다. 가문의 혈통을 그대로 이은 것이라 할 수 있을 것입니다. 안중근은 뒷날 뤼순감옥에서 쓴 자서전에서 자신의 젊은 날을 이렇게 회상합니다.

나는 어려서부터 사냥을 특히 즐겨, 사냥꾼을 따라다니며 산과 들에서 뛰노는 것을 좋아했다. 차츰 성장해서는 총을 메고 산에 올라 새와 짐승들을 쫓아다니며 사냥하느라고 학업은 뒷전이었으며, 부모와 선생들이 크게 꾸짖어도 말을 듣지 않았다.
어느 날 학생 친구 여럿이 나를 타이르며 이렇게 권고했다.
"너의 부친은 문장으로 세상에 이름을 떨쳤는데, 너는 어째서 무식한 하등인이 되려 하느냐"

그때 나는 이렇게 대답했다.

"너희들의 말도 옳다. 그러나 내 말도 좀 들어 봐라. 옛날 초패왕 항우가 말하기를 '글은 이름이나 적을 줄 알면 된다'고 했다. 그럼에도 불구하고 만고 영웅 초패왕의 이름은 오래도록 남아 전해지고 있지 않느냐? 나는 학문을 닦아서 이름을 날리고 싶지 않다. 초패왕도 장수요, 나도 장부다, 너희들은 나에게 학업을 권하지 말아라."

안중근은 어려서부터 정의감과 남아다운 호기를 갖고 자랐습니다. 그렇다고 결코 글공부를 게을리 한 것은 아니었지요. 스승을 집으로 모셔다가 각종 유교 경전과 『통감』(중국 송나라의 사마광이 지은 역사책) 등을 배우게 됩니다. 또 조선의 역사와 중국사, 미국사 등 외국의 역사를 배우는 한편 숙부와 사냥꾼을 따라 산을 타고 계곡을 건너다니며 총을 쏘았습니다. 뒷날 이토 히로부미를 처단할 때의 사격술은 이렇게 익히게 된 것이지요.

천주교인으로 교육 운동에 헌신하다

안중근은 16세 때 부모님이 정해주신 김아려와 결혼합니다. 19세에는 천주교에 입교하여 홍석구(프랑스 신부)에게 영세를 받고 도마라는 세례명을 얻습니다. 안중근의 가문은 일찍부터 천주교를 믿었습니다.

아버지 안태훈의 헌신적인 지원으로 청계동성당이 세워지고 이들의 세력이 커지자 관가의 탄압이 심해집니다. 명분 없는 세금을 물리고 말을 듣지 않으면 끌어다가 매질을 하기 일쑤였어요. 안태훈과 신부님이 이를 따지자 적반하장격으로 엉뚱한 누명을 씌워 구속합니다.

안중근은 서울로 뮈텔 주교를 찾아가 사정을 이야기하고 구원을 요청하는 한편 지방을 돌아다니면서 천주교 선교 활동을 합니다. 안중근은 자서전에서 "기도문 강습을 받고 교리를 토론하면서 여러 달을 지나는 동안 신덕이 차츰 굳어지고 독실히 믿어 의심치 않았다. 천주 예수 그리스도를 숭배하여, 날이 가고 달이 가서 몇 해가 지났다"라고 합니다.

그러는 사이 을사늑약이 맺어지고 전국 각지에서 의병이 일어납니다. 안중근은 나라의 주권을 되찾기 위해 노력합니다. 아버지와 상의하여 재산을 모두 팔아 해외로 망명하기로 해요. 안중근이 중국의 형편을 살피기로 합니다. 1905년 직접 중국으로 떠납니다. 거기서 동포들에게 나라의 사정을 알리고 일제와 싸울 것을 호소합니다. 그런데 여행 중에 아버지의 별세 소식을 듣고 급히 돌아옵니다. 하늘이 무너지는 듯한 일이지요. 그의 나이 27세 때였습니다.

아버지의 묘소를 찾은 안중근은 1906년 어머니와 동생, 가족을 이끌고 고향을 떠나 평안남도 진남포로 이사합니다. 아버지라는 든든한 기둥이 사라진 상황, 이제는 장남으로서 자신의 거취는 물론 가정의 크고 작은 일을 결정해야 했습니다. 밑으로 두 남동생이 있었으나 아직 어렸지요.

당시 진남포는 상하이로 가는 주요 거점이자 중국 상선이 수시로 드나드는 번창한 항구 도시였습니다. 아버지와 상하이로 이주 계획을 세우면서 진남포를 택한 것은 이와 같은 지리적 이점 때문이었지요.

진남포로 이사한 안중근은 먼저 학교를 세우는 데 전념합니다. 우리나라가 일본에 나라를 빼앗기고 학대받는 이유가 국민이 배우지 못하고 몽매한 까닭이라고 생각했기 때문이에요. 우선 청소년들을 깨우쳐야 한다고 생각했습니다. 안중근은 진남포 천주교 교당에서 운영하던 돈의학교를 인수해서 교장이 됩니다. 거기서 천주교 신앙과 군사 훈련 그리고 우리 역사 교육에 중점을 둡니다. 효과가 나타나자 이번에는 조상으로부터 물려온 재산을 팔아 중등 교육 기관인 삼흥학교를 설립합니다. 얼마 후 이 학교는 오성학교로 이름을 바꿉니다. 1906년 봄부터 이듬해 8월 망명하기 전까지 1년여의 짧은 기간이지만, 그는 모든 재산을 팔아 교육 사업을 벌이고, 국제 정세와 군사 교련, 민족의 역사를 알려 인재를 키웠습니다.

안중근이 교육 사업에 헌신할 때 한편에서는 국채보상운동이 일어납니다. 일본에 진 빚을 갚자는 민중운동입니다. 안중근 가족도 앞장섰지요. 그는 '국채보상 기성회'의 관서 지부장을 맡고, 아내에게 혼수품인 장신구 전부를 헌납하게 합니다. 평양의 명륜당에서 이 지역 선비 1000여 명을 상대로 강연을 하고, 의연금을 모아 '국채보상운동본부'에 보내지요. 이런 저런 활동에는 많은 돈이 들었습니다. 안중근은 자금을 모으고자 평양에 미곡상과 무연탄 판매 회사를 설립해요. 그러나 직원들 간의 불화와 일본 상인의 방해로 실패하고 말지요.

안중근이 해외 망명을 계획하고 서울에 올라와 명동성당 근처에 머물고 있을 때입니다. 일제가 대한제국 군대를 강제 해산하자, 의분에 넘친 한국군이 일본군과 싸우다가 희생되는 현장을 지켜보게 됩니다. 그런데 무기를 보니 너무 형편없어요. 일본군은 신식 소총인데 한국군은 구식 소총이거나 대부분이 빈손이었습니다. 상대가 될 리가 없지요.

안중근은 교육이나 국채보상운동 같은 국민 계몽만으

로는 국난을 극복하기 어렵다고 판단하고 의병을 통한 독립 전쟁을 생각하게 됩니다.

'단지 동맹' 조직하고 이토 히로부미 처단

1907년 8월 1일 안중근은 서울을 떠납니다. 부산에서 배를 타고 만주 간도에 도착하여 동포들을 찾아보고 나서, 러시아령 블라디보스토크로 가지요. 당시 이곳에는 유인석, 홍범도가 이끄는 의병 부대와 이 지역 한인들이 별도로 조직한 의병 부대가 일본군과 싸우고 있었어요. 안중근은 이범윤, 최재형 등 한인 지도자들과도 만납니다. 그의 성실성과 진심이 유지들과 교포 청년들에게 전해지면서 안중근은 300여 명으로 조직된 의병 부대를 지휘하게 됩니다.

안중근 부대는 만주 지신허에서 출발하여 두만강을 건너갑니다. 일본군 주둔지인 갑산과 무산이 일차 목표였지요. 궁극적으로는 국내에 진공하여 일본군을 무찌른다는 담대한 전략이었습니다. 안중근은 잘 훈련된 일본군 정예 부대와 대적하는 일이 쉽지 않다는 점을 잘 알고 있었습니다. 의병에 가담한 교포 청년들은 총 한 방 쏴보지 못한, 농부 또는 어부 출신들이었지요. 하지만, 승패보다 대한의 국민으로서 마땅히 해야 할 사명임을 깨닫고 기꺼이 전투에 나섭니다.

두만강을 건너 함경북도 경흥군 노면 심리에 주둔한 일본군 수비대를 급습합니다. 일본군 여러 명을 사살하고 수비대 진지를 점령하는 등 전과를 올리지요. 그 과정에서 일본 군인과 상인을 포로로 잡게 되는데 안중근은 이들을 살려 줍니다. 부하들은 한결같이 처단을 주장했지만, 천주교인으로서 이들을 차마 죽일 수가 없었던 것입니다. 안중근은 일본의 침략 전쟁의 무모함을 설명하고는 돌려보냅니다. 하지만 풀려난 이들은 은혜를 원수로 갚아요. 일본군에 의병 부대의 주둔지와 같은 정보를 상세히 보고합니다. 이를 토대로 더욱 강화된 일본 군대가 포위 공격해 들어오고 안중근 부대는 결국 참패하게 되지요. 안중근은 산속을 헤매다가 어렵사리 본부로 돌아오지만 이 일로 문책을 당합니다. 전투에서 패하자 지역 유지들의 지원도 줄어들지요. 그는 교포들이 사는 산간·해변 마을을 찾아다니며 재기를 도모합니다.

하얼빈역에서 이토 히로부미를 처단하기 전, 잡히고 난 이후, 잡히고 나서 뤼순감옥에 갇혀 있는 안중근.

안중근은 1909년 3월 5일 러시아령 크라스키노에서 뜻을 같이하는 청년 11명과 모임을 조직합니다. 그들은 새끼손가락을 잘라 대일 항쟁의 의지를 피로써 맹세하지요. 안 의사의 왼손 마디가 잘리게 된 사연이기도 합니다. 대부분 의병 출신인 이 '단지 동맹' 조직원들은 20대 중후반 혹은 30대 초반의 젊은이들이었어요.

이제 안중근의 항일전은 새로운 방향으로 나아가게 됩니다. 의병만으로는 대규모 일본군과 싸워 승리하기 어렵다고 판단하고, 자신을 던져 일제를 괴멸시키는 '의열 투쟁'으로 나아가게 된 것이지요. 때마침 현지 신문에 조선 통감이던 이토 히로부미가 만주에 온다는 기사가 실립니다. 한국을 침략하여 서울에 통감부를 설치한 이토가 이번에는 중국 침략의 야욕을 갖고 온다는 것이지요. 안중근은 이토를 처단하기로 결심합니다. 권총을 준비하고 이토가 지나는 철도를 따라 길을 나서지요. 거사를 앞두고 여관에서 안중근은 포부를 밝히는 시 한 편을 짓습니다.

장부가

장부가 세상에 처함이여 그 뜻이 크도다
때가 영웅을 지음이여 영웅이 때를 지으리로다
천하를 크게 바라봄이여 어느 날에 업을 이룰꼬
동풍이 점점 차가워짐이여 장사의 의기는 뜨겁도다
분개함이 한번 뻗치니 반드시 목적을 이루리로다
쥐 도적 이토여 그 목숨 어찌 사람 목숨인고
어찌 이에 이를 줄 알았으리 도망갈 곳 없구나
동포여 동포여 속히 대업을 이룰지어다
만세 만세여 대한독립이로다
만세 만세여 대한동포로다

안중근은 1909년 10월 25일 만주 하얼빈에 도착합니다. 그리고 다음날 이토가 러시아 정부 고위층 인사와 만나기 위해 하얼빈역에 내린다는 사실을 알아냅니다.
26일 오전 9시 15분경 마침내 이토가 삼엄한 경비를 받으며 역에서 내려 환영 행사장으로 들어섭니다. 구경 나온 일본 교포와 러시아인 등 수천 명이 인산인해를 이루지요. 군악대의 환영곡이 울려 퍼지고 일장기를 든 일본인들의 만세 소리가 사방에 울립니다. 이토는 러시아 재정 대신의 안내를 받으며 사열대 앞으로 한껏 거드름을 피우며 걸어나옵니다.

그 순간! 안중근의 권총이 불을 토합니다. 이토의 가슴을 향해 연속 세 발을 발사합니다. 어릴 적부터 명사수였던 그의 총탄은 우리 민족의 철천지원수, 이토의 가슴에 어김없이 명중하고 그는 현장에서 고꾸라져 숨을 거둡니다.

당시 국내외 한국의 애국지사들은 앞다투어 이토를 처단하려고 했습니다. 하지만 워낙 경비가 철저하여 감히 해내지 못한 일을 안중근이 해치운 것입니다. 일본 정부는 안중근을 테러리스트라고 모욕하지만, 일제의 만행에 치를 떨던 아시아의 국민들은 환호했습니다. 그의 거사는 일본 제국주의의 심장을 강타한 의거였지요. 의거와 테러를 분간치 못하는 오늘날 일본 극우 인사들의 정신 자세는 100년 전과 다를 바가 없어 보입니다.

그렇게 이토를 처단한 안중근은 현장에서 러시아 경찰에게 붙잡혀 일본 측에 인계됩니다. 당시 일본군 점령 지역이던 다롄에서 재판을 받지요. 그 과정에서 안중근은 사형이 선고될 줄을 알면서도, 조금도 두려움 없이 이토를 처단한 이유를 당당하게 밝힙니다.

먼저 이토가 저지른 죄상 15개를 제시했지요. 한국 황제를 폐위시킨 죄, 명성황후를 시해한 죄, 을사늑약 등을 체결한 죄, 군대를 해산한 죄, 무고한 한국인을 학살한 죄 등을 낱낱이 열거합니다. 일본 측은 이 같은 사실이 국제 사회에 드러나는 것이 두려워 재판을 비공개로 진행하기도 합니다.

죽음 앞에서 동양 평화를 외치다

　　안중근은 뤼순감옥에 갇혀서 재판을 받는 동안 밤을 새워 「동양평화론」을 씁니다. 재판 과정에서 검사에게 동양 평화를 짓밟는 이토를 제거함으로써 일본의 침략주의 정책을 멈추겠다는 뜻을 밝히기도 하지요. 안타깝게도 미완성으로 끝난 「동양평화론」의 요지는 다음과 같습니다.

1. 한·중·일 3국이 동양 평화회의를 조직한다.
2. 3국 공동의 은행을 설립하고 공용 화폐를 만든다.
3. 3국 청년들의 공동의 군단을 만들고 2개국 이상의 어학을 배우게 한다.

　　안중근의 「동양평화론」은 반세기 후 유럽에서 탄생한 유럽연합(EU)의 정신을 떠오르게 합니다. 안중근의 선견지명에 놀라게 되지요. 오늘날에도 안중근의 이러한 생각은 여전히 유효합니다. 분쟁이 끊이지 않는 한·중·일 세 나라가 평화롭게 지내려면 안중근의 사상에 귀 기울여야 합니다. 그런 의미에서 안중근은 현재를 사는 우리에게 '지나간 미래'라고 말할 수 있어요.
　　재판은 각본대로 안중근에게 사형을 선고합니다. 그럼에도 재판 과정에서 안중근은 한 치의 흔들림도 보이지 않지요. 구차하게 생명을 구걸하지도 않습니다. 의거 사실을 전해 들은 한국, 중국, 러시아는 물론 양심적인 일본인까지 나서서 구명 운동에 참여하지만, 결국 사형을 선고받은 안중근은 1910년 3월 26일 뤼순감옥 형장에서 순국합니다. 당시 나이 32세였습니다. 사형 집행 전 안중근은 면회 온 두 동생에게 다음과 같은 유언을 남깁니다.

내가 죽은 뒤에 나의 뼈를 하얼빈공원 곁에 묻어 두었다가, 우리 국권이 회복되거든 고국으로 반장(살던 곳이나 고향으로 옮겨서 장사를 지냄)해다오. 나는 천국에 가서도 또한 마땅히 우리나라의 회복을 위해 힘쓸 것이다. 너희들은 돌아가서 동포들에게 각각 모두 나라의 책임을 지고 국민된 의무를 다하며 마음을 같이하고 힘을 합하여 공로를 세우고 업을 이루도록 일러다오. 대한독립의 소리가 천국에 들려오면 나는 마땅히 춤추며 만세를 부를 것이다.

안중근의 유해는 해방 70주년이 되도록 찾지 못하였습니다. 하얼빈공원 어디쯤에 묻혔는지, 아니면 간악한 일제가 한국 독립운동의 '성지'가 될 것이 두려워 다른 곳에 암매장했는지, 화장해서 어디다 뿌렸는지 알 수가 없습니다.

안중근의 의거와 순국과 관련해 중국 신해혁명의 지도자 손문은 다음과 같은 시를 지어 추모하였습니다.

공은 삼한을 덮고 이름은 만국에 떨치니
백세의 삶은 아니나 죽어서 천추에 드리우니
약한 나라 죄인이요 강한 나라 재상이라
그래도 처지를 바꿔 놓으니 이토도 죄인이라

안중근은 뤼순감옥에서 여러 편의 글씨를 썼습니다. 일본에서 환수된 그의 글씨들은 보물로 지정되어 있습니다. 그중 한 편을 소개합니다.

見利思義見危授命
이익을 보거든 정의를 생각하고 위태로움을 보거든 목숨을 바쳐라

일본 수뇌들을 폭살한 윤봉길

소년기부터 농촌 운동에 헌신

　　역사는 가끔 한 사람의 희생으로 국가나 민족이 살아나는 사례를 보여 줍니다. 그야말로 '살신성인'이지요. 우리가 나라를 빼앗겼을 때 수많은 의병과 독립운동가들이 국권 회복 운동에 몸을 던졌습니다. 그분들의 희생과 헌신으로 결국엔 독립을 쟁취할 수 있었지요. 윤봉길이야말로 대표적인 인물입니다.

　　1932년 4월 29일 25세의 조선인 청년이 상하이 훙커우 공원(현 뤼순공원)에서 열린 천장절 겸 전승 축하 기념식에 폭탄을 던집니다. 시라카와 대장 등 일본 고위 장성 등 여러 명이 죽거나 부상을 당하지요.

　　의거의 주인공은 바로 윤봉길입니다. 이 사건은 독립운동가는 물론 국민들에게 커다란 용기와 희망을 줍니다. 특히 중국 정부가 대한민국 임시정부와 한국의 독립운동가를 지원하는 계기가 되었다는 점에서 의의가 있습니다. 장제스 총통이 "5억 중국 인민이 하지 못한 일을 조선 청년이 해냈다"고 칭송할 정도였으니까요.

　　역사에서 '가정'은 허용되지 않는다지만, 만일 윤봉길의 의거가 없었다면 중국 내의 우리 임시정부와 독립운동 단체들이 제대로 활동할 수가 있었을까요? 아무래도 어려웠을 겁니다. 그런 의미에서 청년 윤봉길은 자신의 몸을 던져 나라의 독립을 이끈 선구자입니다.

윤봉길은 1908년 6월 21일 충청남도 예산군 덕산면 사량리 178번지의 광현당에서 파평 윤씨 황과 경주 김씨 원상의 맏아들로 태어납니다. 중농 집안이었다고 합니다만, 가계를 보면 고려 시대 영토 확장에 공이 큰 윤관 장군의 28대손이 되고, 선대에 조정에서 고관을 지낸 분들이 적지 않았습니다.

윤봉길의 본명은 '우의'이고, 별명이 '봉길', 아호를 '매헌'이라 하였답니다. 고향 사람들이 어릴 적 그의 매서운 성격을 보고 별칭 삼아 '살가지'라고 불렀지요. '살가지'는 '살쾡이'의 사투리랍니다.

4세 때 인근 139번지 저한당의 고택으로 옮겨 살게 되고, 6세 때부터 큰아버지 윤경에게서 마을 친구들과 한문을 배웁니다. 1918년 11세가 되자 덕산공립보통학교에 입학해요.

이듬해 서울에서 3·1 혁명이 일어나고 만세 시위가 지방으로도 번지자 일제의 야만적인 탄압이 자행됩니다. 비록 어린 나이였지만 윤봉길은 식민지 노예 교육을 받지 않겠다며 분연히 학교의 문을 박차고 나와 자진 퇴학을 합니다. 어릴 때부터 대단히 심지가 굳고 용기가 있었던 것 같습니다.

집안 어른들의 설득으로 윤봉길은 1년여 뒤 서당에 다니기로 하고 마을에서 학식이 높은 최병대의 문하에서 한학을 공부합니다. 1921년 봄에는 마을에서 4킬로미터쯤 떨어진 서치의숙(학당)에 들어가지요. 그곳에서 고명한 유학자 성주록의 가르침을 받습니다.

성주록은 선비가 갖춰야 할 덕행과 『사서삼경』 등을 열심히 가르쳤어요. 한학뿐만 아니라 신문과 〈개벽〉 등의 잡지를 통해 신학문을 접하고 당시 어려웠던 농민들의 삶을 알게 되지요. 윤봉길은 스무 살 선배들보다 실력이 뛰어났다고 합니다. 특히 시문에 뛰어나 장원을 독차지했지요.

15세가 되던 해 그는 성주 배씨 용순과 혼인을 합니다. 부모님이 맺어준 신부였지요. 젊은 부부는 두 아들을 낳습니다. 이후 18세가 되던 해 숙생들과 함께 수덕사의 만공 선사를 만나고, 큰 깨우침을 얻게 됩니다. 이후 더욱 공부를 열심히 하여 많은 글을 쓰지요. 이 시기에 쓴 글들이 지금도 예산 윤봉길 의사 기념관에 보존되어 있습니다.

윤봉길은 5년간의 서치의숙 생활을 마치고, 더 깊고 넓은 공부를 해야겠다는 생각으로, 명성이 높은 당진 면천의 유학자 박 생원과, 당고모부가 되는 신양의 차 선생을 차례로 모셔 와 공부합니다. 하지만 두 분 선생님은 윤봉길의 실력을 보고 더 이상 가르칠 것이 없다며 곧 떠나갑니다. 그는 이때부터 독학으로 역사와 신학문을 공부합니다. 서울 유학생들을 통해 『국조명신록』, 『성경』을 비롯하여 교양 서적을 구해 독파합니다. 그리고 지주들의 수탈 등 피폐해진 농촌에 관심을 두고 연구하게 되지요.

윤봉길의 고향에서 가까운 홍성 태생인 사육신 성삼문을 알 것입니다. 그의 호가 '매죽헌'이었지요. 매화와 대나무처럼 지조 있는 사람이 되겠다는 뜻으로, 실제로 그렇게 살다가 수양대군에게 고문당하고 죽지요. 역사를 공부하다가 성삼문의 고결한 생애를 접한 윤봉길은 매죽헌의 '매'자를 따서 '매헌'이라는 호를 쓰기 시작합니다.

1926년 윤봉길은 그의 나이 19세 때부터 농민 계몽 운동을 시작합니다. 그해 가을 자기 집 사랑채에 야학당을 차리고 문맹 타파에 나서지요. 남녀노소를 가리지 않고 갑·을 두 반으로 나누어 한글과 역사, 산술, 과학, 농업 지식 등을 가르칩니다. 마을 청년 이빈녁, 정종갑, 정종호, 황종진, 윤세의, 이태경 등과 손잡고 야학회를 조직하기도 하지요. 독서회를 열어 많은 사람이 책을 읽도록 하고, 각 마을을 순회하면서 월례 강연회도 가집니다. 경찰의 감시 속에서도 독서회와 강연회 활동은 꾸준히 이어졌어요. 20세 때에는 야학 교재로 『농민독본』을 직접 씁니다.

1928년 2월 5일 고향 마을에 농촌 부흥 운동의 총 본산으로 부흥원 건물을 짓고, 상량식을 열지요. 건물 대들보에 당시의 일제 공식 연호 대신 한문으로 '조선 개국 4261년 2월 15일'이라 씁니다.

윤봉길은 1929년 스스로 각색·연출한 연극 '토끼와 여우'를 공연했는데, 여기서 일제의 식민 정책을 풍자했다는 혐의로 경찰에 불려가기도 합니다. 이때 조직한 농촌 운동 단체인 '월진회'는 오늘날까지 이어지고 있습니다.

망명길 김구와의 만남

윤봉길이 국내에서 농촌 활동을 접고 망명 길에 오른 것은 1930년 3월 그의 나이 23세 때입니다. 길을 떠나면서 "장부출사 생불환"(대장부가 집을 떠나서 뜻을 이루지 못하면 결코 돌아오지 않겠다)이라는 글을 남깁니다. 윤봉길은 평안도 선천에서 일본 경찰에 붙잡혀 한 달가량 감옥에 갇혔다가 풀려나기도 합니다. 하지만 뜻을 굽히지 않고 결국 국경을 넘지요. 만주 일대를 헤매다가 다롄을 거쳐 칭다오에 머물면서 이듬해 상반기까지 중국의 정세를 살핍니다. 우리 동포가 경영하는 세탁소 경리로 일하면서 말이지요.

윤봉길이 목적지인 상하이에 도착한 것은 1931년 5월 8일입니다. 도착 즉시 안중근의 동생 안공근을 찾아 그의 집 3층에 숙소를 정합니다. 생계를 위해서 동포가 경영하는 회사에 취직하고, 얼마 후부터 '한인공우 친목회'를 조직합니다. 노동 쟁의를 도모하고 일제의 정보를 얻기 위해서였습니다.

1932년은 한국의 독립운동사는 물론 윤봉길 자신에게 대단히 중요한 해였습니다. 어느덧 그의 나이 25세가 되었지요. 상하이에 도착한 이래 틈틈이 도시의 거리를 익히고 각종 정보를 취득했습니다. 그런 다음 임시정부 국무위원 겸 상하이 지역 한인 교포 단장인 김구를 만나 자신의 의지를 알립니다.

김구는 "노소의 차이가 있을 뿐 민족 혁명 대업을 위한 다시없는 큰 동지를 얻었다"며 그를 한인애국단에 가입시키지요. 윤봉길이 가입하기 전인 1월 9일 일왕에게 폭탄을 던진 이봉창도 한인애국단원이었습니다. 이봉창의 의거 소식을 들은 윤봉길은 의기충천합니다. 보통 사람들 같으면 겁을 먹거나 거사를 포기할 터인데, 그는 오히려 준비를 서두릅니다.

윤봉길은 2월 말에서 3월 초 사이에 중국군 제19로군 정보국장 겸 병공창 주임인 김홍일의 주선으로 일본군 병기창 폭파 계획에 참여합니다. 4~5명의 청년들과 영내에서 기회를 엿보지만 미수에 그치지요. 그러나 기회는 예상보다 빨리 찾아옵니다.

중국 신문에 일왕 히로히토의 생일과 일본군의 상하이 점령 승리를 축하하는 기념행사가 홍커우공원에서 열린다는 기사가 실려요. 윤봉길은 하늘이 준 기회로 생각하면서, 임시정부로 김구를 찾아가 거사 계획을 밝힙니다. 김구는 비밀 작전 참모

격인 김홍일에게 물통과 도시락 모양의 성능 좋은 폭탄 제조를 지시하지요. 행사장에 참석하는 일본인에게 물통과 도시락을 지참토록 했기 때문입니다. 이전에 이봉창이 던진 폭탄의 성능이 좋지 않았던 탓에 일왕을 죽이지 못한 것을 개탄한 김구와 김홍일은 상하이 중국군 비밀 공병창에서 성능이 뛰어난 폭탄을 만들어 성능 실험까지 합니다.

4월 26일 윤봉길은 김구와 만나 세밀한 거사 계획을 세우지요. 상하이 거류민단 사무실에서 한인애국단 입단 선서식을 거행합니다. 윤봉길은 태극기 앞에서 폭탄과 권총을 들고 다음과 같이 선서합니다.

한인애국단에 입단할 때 수류탄과 권총을 들고 태극기 앞에 서서 선서하는 윤봉길.

나는 적성(마음에서 우러나오는 정성)으로서 조국의 독립과 자유를 회복하기 위하여 한인애국단의 일원이 되어 중국을 침략하는 적의 장교를 도륙하기로 맹세하나이다.

선서를 마친 윤봉길은 다음날 태연한 모습으로 행사장을 돌아보고 와서 짧은 자서전과 「거사가」, 조국의 청년들 및 두 아들에게 보내는 유서를 씁니다. 여기 「청년 제군에게」와 「강보에 싸인 두 병정에게-두 아들 모순과 담에게」를 소개합니다.

청년 제군에게

피 끓는 청년 제군들은 아는가
무궁화 삼천리 우리 강산에
왜놈이 왜 와서 왜 걸대나

피 끓는 청년 제군들은 모르는가
되놈 되와서 되가는데
왜놈은 와서 왜 아니 가나

피 끓는 청년 제군들은 잠자는가
동천에 서색은 점점 밝아오는데
조용한 아침이나 광풍이 일어날 듯

피 끓는 청년 제군들아 준비하세

군복 입고 총 메고 칼 들며
군악 나팔에 발맞추어 행진하세

강보에 싸인 두 병정에게

너희도 만일 피가 있고 뼈가 있다면
반드시 조선을 위해 용감한 투사가 되어라

태극의 깃발을 높이 드날리고
나의 빈 무덤 앞에 찾아와 한 잔 술을 부어 놓아라
그리고 너희들은 아비 없음을 슬퍼하지 말아라

사랑하는 어머니가 있으니
어머니의 교양으로 성공자를
동서양 역사상 보건대
동양으로 문학가 맹자가 있고
서양으로 불란서 혁명가 나폴레옹이 있고
미국에 발명왕 에디슨이 있다

바라건대 너희 어머니는 그의 어머니가 되고
너희들은 그 사람이 되어라

상하이 의거에 온몸 던지다

　　마침내 운명의 날 4월 29일이 밝았습니다. 윤봉길은 '최후의 만찬'이 아닌 '최후의 아침'을 김구와 함께 김해산의 집에서 먹고, 김구가 차고 있던 낡은 시계와 자신의 새 시계를 바꿔 찹니다. 자기의 시계는 이제 쓸모가 없다는 이유였지요.

　　오전 11시 50분(한국 시간 12시 40분경) 천장절과 전승 축하 행사가 끝나갈 무렵, 윤봉길은 연단 중앙에 폭탄을 힘차게 던집니다. 순간, 폭음이 터지고 참석한 일본의 요인들이 거꾸러집니다. 시라카와 대장, 가와바타 상하이 거류 일본인 민단장은 폭사하고, 노무라·우에다 중장, 시게미쓰 주 상하이 공사, 무라이 상하이 총영사 등이 중상을 입습니다. 폭탄이 적중한 것을 확인한 윤봉길이 "조선 독립 만세!"를 외치려는 순간, 일제 군경에게 붙잡힙니다.

　　5월 25일, 상하이 파견 일본 군법회의에서 사형을 선고받은 윤봉길은 11월 18일 삼엄한 경비 속에 일본으로 호송되어 오사카 위수형무소에 갇힙니다. 가나자와 육군형무소에 이감된 윤봉길은, 12월 19일 아침 7시 40분 가나자와 교외 미고우시 공병 작업장에서 일본군의 총살형 집행으로 거룩한 삶을 접습니다. 25세의 젊은 나이에 순국했지요.

　　유해는 김구의 지시를 받은 박열, 이강훈이 주선하여 1946년 6월 30일 고국으로 돌아와 용산의 효창공원 3의사 묘역에 안장됩니다. 짧은 생애지만 보통 사람의 100년보다 훨씬 값진 생애였지요.

일제가 가장 겁낸 의열단 단장 김원봉

떡잎부터 남달랐던 소년 시절

일제 강점기에 나라를 되찾고자 수많은 사람이 독립운동 전선에 나섰습니다. 독립운동은 시기와 장소에 따라 그리고 역량에 따라 여러 가지 방략이 제시되었고, 이것이 단독으로 또는 결합하여 전개되기도 했지요. 외교론, 실력 양성론, 무장투쟁론, 의열 투쟁론, 계급 투쟁론이 대표적입니다.

일제가 가장 두려워했던 것은 자기를 희생하면서 일본 고위 인사나 기관을 저격 또는 폭파시키는 '의열 투쟁'이었지요. 언제 어디서 불쑥 나타나 일본 정부 요인을 죽이거나, 경찰서 등을 폭파시키는 데는 당해낼 재간이 없었겠지요. 이런 투쟁에 앞장선 의열단의 책임자가 바로 김원봉 단장이었습니다.

김원봉은 1898년 8월 13일(음력) 경남 밀양시 내이동 901번지에서 아버지 김주익과 어머니 이경념 사이에서 태어났습니다. 어머니는 둘째 아들을 낳고 곧 돌아가셨지요.

김원봉의 할아버지는 역관(중국어 통역) 출신으로 비교적 일찍 개명한 분이셨고, 아버지는 고향에서 30여 마지기의 농사를 짓는 농부였습니다.

김원봉이 태어나고 자란 시기는 나라의 사정이 대단히 어려울 때였답니다. 그가 13세가 되던 해에 한·일 병탄이 이루어집니다. 어린 나이였지만 나라를 일본에 빼앗겼다는 소식을 듣고, 뒷날 큰 뜻을 함께하는 윤세주 등 마을 친구들과 눈물을 흘리며 복수를 다짐했다고 합니다.

김원봉의 어릴 적 기록은 남아 있지 않습니다. 공적 기록에 따르면 8세 때에 서당에 들어가 『통감』 등을 읽으면서 공부했답니다. 그리고 이 고장의 명소인 영남루 앞을 유유히 흐르는 남천강과 유서 깊은 표충사, 마을 뒷산인 제약산을 놀이터로 삼아 석전놀이(돌팔매로 승부를 겨루는 놀이)를 하면서 자랍니다.

11세 때에 밀양공립보통학교에 편입하여 신식 교육을 받아요. 총독부의 지침에 따라 일본어와 일본 역사 교육이 강요되지요. 남달리 정의감이 강했던 김원봉은 일본어 수업 시간에는 강의실에 들어가지 않았습니다.

그러던 중에 학교에서 큰 사건이 벌어져요. 1911년 4월 28일 일본 왕의 생일을 축하하는 행사가 밀양공립보통학교에서도 거행되었는데, 김원봉은 행사를 위해 나눠준 일장기를 학교 화장실에 처박아 버렸답니다. 누가 시킨 것이 아니라 스스로 한 행동이었지요. 학교는 한바탕 난리가 났고 결국 김원봉과 윤세주는 학교를 자퇴해야 했습니다. 마을 어른들은 이 소식을 듣고 "될성부른 나무는 떡잎부터 알아본다"면서 두 아이의 성장을 지켜보게 되지요.

그 후 김원봉과 윤세주는 밀양 읍내에 있는 동화중학교에 2학년으로 편입합니다. 보통학교를 졸업하지 못하여 편입 자격이 없었지만, '일장기 파기 사건'이 널리 알려지면서 지방 유지들의 도움을 받은 것입니다. 이때만 해도 병탄 초기여서 시골은 아직 총독부나 경찰의 힘이 크게 미치지 않았기에 가능했던 거지요.

사람은 언제 어디에서 어떤 사람을 만나느냐에 따라 운명이 크게 바뀌는 경우가 있습니다. 김원봉이 다니는 동화중학의 전홍표 교장은 애국정신이 강한 민족주의자였지요. 학생들에게 민족혼을 일깨워 주었습니다. 훌륭한 말씀도 받아들일 자세가 없다면 말짱 헛것이겠지요. 그러나 김원봉과 윤세주는 달랐습니다. 교장의 애국적인 가르침을 가슴 깊이 새기면서 나라를 찾는 일에 모든 걸 바칠 결심을 합니다.

신흥무관학교 졸업 후 의열단 창단

전홍표 교장의 가르침을 받은 김원봉과 윤세주는 친구들과 연무단을 만들어 체력 단련에 힘씁니다. 앞으로 큰일을 하려면 무엇보다 몸이 튼튼해야 한다는 생각이었지요. 이들은 한겨울 새벽에도 뒷산을 오르거나 냉수마찰로 몸을 단련시켰답니다. 훗날 만주와 중국을 누비면서 격렬하게 일제와 싸울 수 있을 만큼 건강했던 것은 어릴 적의 단련이 큰 힘이 되었지요. 이들은 세계 위인전을 읽고 한국의 역사와 지리 그리고 중국의 병법을 연구하면서 내일에 대비합니다.

그러나 전홍표 교장이 위험인물로 지목되면서 자리에서 쫓겨나고 학교는 폐쇄됩니다. 김원봉은 서울로 올라가 할머니의 이모 되는 분 집에서 1년여를 보내다가 고향으로 돌아옵니다. 임진왜란 때 사명대사가 지냈던 표충사에 머물면서 서울에서 사 온 다양한 책과 각종 병법 책을 읽고 조국 광복 운동에 필요한 무장투쟁의 이론을 공부하지요.

김원봉은 뜻을 세우고 서울로 유학을 떠납니다. 당시

밀양에서 서울로 유학 가는 것은 지금 미국이나 유럽으로 유학 가는 것보다 훨씬 힘들었던 때였지요. 역관 출신인 할아버지가 서울 출입을 자주 했고, 아버지가 먹고살 만큼 농사를 지었기에 가능했습니다.

서울에 온 김원봉은 중앙학교 2학년에 편입합니다. 그리고 곧 이 학교에서 유명해져요. 교내 웅변대회에서 우수한 실력을 발휘한 것이지요. 시골의 편입생으로서는 쉽지 않은 일이었지요.

김원봉이 중앙학교에서 친구 이명건과 김두진을 만난 것은 행운이었습니다. 세 사람은 생각이 비슷하고 공부도 잘해서 자주 어울렸지요. 목숨을 바쳐 나라를 되찾자는 뜻에서 김원봉은 '약산'(산처럼), 김두전은 '약수'(물처럼), 이명건은 '여성'(별처럼)이라는 별명을 씁니다. 김원봉은 중국에서 일제와 싸울 때 '약산' 이외에도 최림, 진국인, 이충, 김세량, 왕세덕, 암일, 왕석, 당석, 운봉, 김국빈, 진충, 김양삼 등 여러 가지 가명을 씁니다. 일제 경찰과 밀정들을 따돌리기 위해서였지요.

김원봉은 나날이 강해지는 일제와 맞붙어 싸우려면 최신 군사학을 알아야 한다고 생각합니다. 독일에 유학 갈 작심을 해요. 먼저 독일어를 배우고자 사방으로 알아봅니다. 중국 톈진에 독일인이 경영하는 덕화학당이라는 학교가 있다는 것을 알아낸 김원봉은 친구의 도움을 받아 홀로 그곳으로 떠납니다. 1917년 그의 나이 스무 살 때였지요.

김원봉은 덕화학당에 입학하여 공부하다가 여름방학에 잠시 귀국합니다. 그리고 이듬해 9월 중국 난징의 금릉대학에 들어갑니다. 1919년 3·1 혁명 후에는 만주에 신흥무관학교가 설립되었다는 소식을 듣고 달려가 입학하지요. 그곳에서 군사학은 물론 국사 등을 공부하여 단기반을 마친 김원봉은 북만주 길림으로 옮깁니다. 이때부터 김원봉의 생애에 가장 빛나는 순간들이 펼쳐지지요. 일제가 그에게 엄청난 현상금을 걸게 될 만큼, 격렬한 항일 투쟁의 지도자가 됩니다.

1919년 11월 9일 김원봉을 비롯하여 10대 후반에서 20대 초반 한국 청년 10여 명은 중국인 농민 집에서 "온몸을 던져 일제를 타도하자"는 맹세 아래 의열단을 만듭니다. '정의'의 의(義)와 '맹렬'의 열(烈)을 취해 '의열단'이라 했지요. 김원봉이 지은 이름입니다. 이날 의열단은 '공약 10조'와 함께 '마땅히 죽여야 할 원수 일곱 가지'(칠가살), '마땅히 파괴해야 할 다섯 가지 기관'(파괴 대상)을 선정합니다. 그 내용은 다음과 같습니다.

칠가살: 1. 조선 총독 이하 고관 2. 군부 수뇌 3. 타이완 총독
(당시 타이완은 일본의 식민지였음) 4. 매국노 5. 친일파 거두
6. 적의 밀정 7. 반민족적 지방 유지

파괴 대상: 1. 조선총독부 2. 동양척식주식회사 3. 매일신보사
4. 각 경찰서 5. 기타 왜적의 중요 기관

임시정부 군무부장으로 선임되다

　의열단원들은 단장으로 김원봉을 선출합니다. 군사 교육과 용기, 투철한 역사관 등이 동지들로부터 신뢰를 받게 된 것입니다. 상하이로 내려온 김원봉과 의열단원들은 여기서 폭탄과 총기를 삽니다. 그리고 행동에 나서지요.

　이후 의열단원들의 투쟁은 우리 독립운동사에 찬란하게 빛납니다. 단원 박재혁이 부산경찰서에 폭탄을 던진 것을 시작으로 김익상의 조선총독부 폭탄 투척, 김익상·오성륜·이종암의 일제 고관 다나카 저격, 김상옥의 서울에서의 일경과 총격전, 김지섭의 일본 도쿄 이중교(왕궁 정문 앞에 있는 다리) 폭탄 투척, 나석주의 동양척식주식회사 폭탄 투척 등 일일이 열거하기 어려울 정도로 많은 의열 투쟁을 전개합니다.

　의열단의 투쟁이 얼마나 강력했던지 일제 경찰, 밀정들은 의열단 얘기만 나와도 오줌을 지렸다고 합니다. 그렇게 의열단은 일제가 가장 두려워하는 독립운동 단체가 됩니다. 어느 정도였는지 다음 일화를 보면 알 수 있습니다.

　충청도 어느 경찰서에 잡범이 잡혀 와서 조사를 받습니다. 만취한 이 사람이 갑자기 수사관에게 "나 의열단원이다!" 하고 소리치니, 경찰서 내에 있던 정·사복 경찰들이 혼비백산하여 꽁무니를 뺐다는 것입니다.

　의열단을 지도한 김원봉은 의열 투쟁이 '테러' 행위로 오해받을까 염려하여 민족주의 사학자 신채호를 찾아갑니다. 사정을 들은 신채호는 '의열단 선언문'('조선 혁명 선언')을 지어 줍니다. 의열단원들은 의열 투쟁을 벌일 때 이 선언문을 함께 투척하여, 일제의 야만성과 조선 독립의 이유를 당당하게 밝힙니다.

김원봉은 1926년 그의 나이 29세 때 황포군관학교에 들어갑니다. 더 수준 높은 군사학을 배우고, 무엇보다 중국의 유능한 청년들과 사귀기 위해서였지요. 항일 투쟁을 계속하려면 중국의 도움이 필요하다고 생각했습니다. 이 시기 한국 혁명 청년회를 조직하여 중앙위원에 선출되고 1930년에는 레닌주의 정치학교를 개설합니다. 1917년 러시아혁명 후 중국에는 사회주의 사상이 깊숙이 파급되고, 독립운동가들 중에서도 독립운동의 방편으로 이를 받아들인 사례가 적지 않았지요.

김원봉은 의열단을 중심으로 독립운동을 전개합니다. 그러나 의열투쟁은 국제 정세가 변하면서 한계에 봉착해요. 이를 극복하고자 잘 훈련된 단원들을 국내로 파견하여 청년·노동·농민 운동 조직을 지도하게 하여 많은 성과를 거두지요.

1932년에는 난징에서 '혁명학교'를 열고 교장에 취임합니다. 한국의 애국 청년들을 독립군의 전사로 키우는 것이 목표였지요. 그리고 의열단과 한국독립당 등 다섯 개 독립운동 단체가 '한국 대일전선 통일동맹'을 결성하는 데 주도적인 역할을 합니다. 1935년에는 앞의 다섯 개 단체가 민족혁명당을 결성할 때 중앙집행위원 겸 서기부장에 선임되지요.

정치 활동을 통해 일제와 싸우고, 군관학교 등에서 맺은 중국의 반일 인사들과의 인연으로 한·중 협력 관계를 다집니다. 중국 정부도 김원봉의 의열단 투쟁을 높이 평가하여 여러 지원을 해 주지요.

1937년에는 일본이 중국을 침략하면서 중·일 전쟁이 발발하지요. 일제의 패망이 머지않았다고 판단한 김원봉은 민족혁명당 중앙회의 결의에 따라 대한민국 임시정부 참여를 선언합니다. 모든 독립운동 세력의 단합이 요구되는 시기였습니다.

김원봉은 1938년 10월 중국 정부의 협력으로 조선의용대(조선무장부대)를 창설합니다. 얼마 후 일본군이 중국 우한을 점령하자 조선의용대는 중국군과 방위전에 참전하여 큰 공을 세웁니다.

1942년 5월 조선의용대가 광복군 제1지대로 편입되고, 김원봉은 이듬해 광복군 부사령 겸 제1지대장에 취임합니다. 김구 주석이 이끄는 한국독립당의 임시정부와 김원봉, 김규식 등이 주도해 온 조선혁명당이 임시정부의 양대 축이 되지요. 이를 두고 '좌우합작'이라 합니다. 김원봉은 부사령 등 광복군의 최고 지휘부에 참여하는 한편 임시정부 의정원 의원으로 뽑혀 정치 역량을 발휘하지요.

불행한 일도 생깁니다. 오랜 동지였던 윤세주와 진광화 등 조선의용대 지도자들이 허베이의 호가장 전투에서 일본군에 희생당합니다. 또 이듬해 1월에는 의열단원이자 조선의용대원인 부인 박차정이 영양실조 등으로 사망합니다. 비슷한 시기에 부인과 동지들을 잃은 김원봉은 한때 절망에 빠지기도 했지만, 다시 분발하여 항일전에 대비합니다.

1944년 47세의 나이로 임시정부의 군무부장에 선임됩니다. 오늘의 국방장관 격이지요. 임시정부는 일제와 '최후 결전'을 앞두고, 일제와 치열하게 싸운 군사 전문가를 선택한 것입니다. 그해에 김원봉은 독립운동가인 최동선과 재혼을 합니다.

이루지 못한 최후의 승리

김원봉은 광복군의 훈련과, 미군 OSS(전략 정보국) 부대와의 국내 진공 훈련 등 밤낮을 가리지 않고 최후의 결전에 대비합니다. 그러던 중 1945년 8월 15일 일제는 무조건 항복하지요. 이로써 우리 광복군은 일제와 싸울 기회를 잃게 됩니다.

이해 12월 2일 김원봉은 망명한 지 28년 만에 고국으로 돌아옵니다. 고향은 물론 각지에서 극진한 환영을 받지요. 그러나 20대 초반의 청년이 48세에 중년이 되어 귀국한 조국의 상황은 혼란 그 자체였습니다. 나라는 남과 북 두 쪽으로 나뉘고, 찬탁과 반탁으로 갈리고, 독립운동가들도 이념과 출신에 따라 사분오열되었지요.

귀국한 김원봉은 정치 단체 '민주주의 민족전선'의 의

미소공동위원회를 환영하는 시민 대회에서 연설하는 김원봉.

장으로 추대됩니다. 여운형, 김규식, 허헌과 회담을 갖는 등 통일 정부 수립과 좌우합작을 위해 노력하지요. 그런데 엉뚱하게 미군정 포고령 위반 혐의로 붙잡힙니다. 김원봉은 미군정의 수도경찰청장 장택상의 지시로 일제의 악질 경찰 출신인 노덕술에게 끌려가 갖은 모욕과 수모를 당합니다.

장택상의 아버지 장승원은 경북 칠곡의 대지주로 군자금 모금에 불응하고 왜경에 신고했다가 애국단 단원 박상진에 의해 처단됩니다. 이를 계기로 장택상은 김원봉과 그 세력을 증오하게 되지요. 중부경찰서에 구금되었다가 풀려난 김원봉은 사흘 동안 통곡합니다. 30여 년을 일제와 목숨 걸고 싸우다 고국에 돌아왔는데, 일제 경찰이 미군정 경찰로 둔갑하여 자신의 두 손에 수갑을 채우고, 갖은 욕설과 구타를 한 것은 참을 수가 없었지요. 게다가 그의 집은 수차례 피습되는 등 언제 어떤 변을 당할지 모르는 위험한 상황이 되어 있었습니다.

1948년 6월 평양에서는 '남북 정당 사회단체 연석회의'가 열립니다. 김원봉은 '민주주의 민족전선' 대표 자격으로 방북하고 연석회의 주석단의 일원으로 추대됩니다. 그러다 남북 협상은 무위에 그치고 남북에 각각 정부가 수립되면서 김원봉은 평양에 남게 됩니다. 남쪽에서 언제 어떻게 될지 모른다는 신변의 위험과 함께 일제와 싸웠던 조선의용대(군) 동지들의 만류가 있었던 것 같습니다.

북한에 남은 김원봉은 국가 검열상과 노동상에 이어 '재북 평화통일 촉진협의회'를 결성하고, 최고인민회의 상임위원회 부위원장 등으로 활동합니다. 그러나 1958년 9월 이후 북한의 언론 매체에서는 그의 이름이 사라집니다.

숙청설, 은퇴설, 자살설 등 그의 죽음과 관련하여 여러 가지 설이 있을 뿐, 정확한 사인이나 퇴진 경위나 사유는 밝혀진 바가 없습니다. 그의 형제들은 6·25 전쟁 당시 김원봉이 '월북'했다는 이유로 남한의 군경에게 무참하게 학살당하지요.

일제 강점기에 가장 치열하게 일제와 싸웠던 김원봉 선생은 분단 조국의 희생양이 되고, 그의 형제들 역시 훈장을 받는 대신 학살을 당하게 된 것입니다. 그런 그의 원혼을 달래는 유일한 길은 조국의 민주적 평화 통일이겠지요.

일왕을 죽이려 한 독립운동가 박열

22년의 감옥 생활을 견딘 혁명가

일제 강점기 동안 많은 독립운동가와 민족주의자들의 친일·변절에 우리는 일말의 동정을 하면서도 경멸합니다. 동정은 시대 상황의 가혹함 때문이고, 경멸은 지조를 지키지 못한 까닭이지요. 박열은 지조와 신념을 모두 지킨 사상가이고 혁명가입니다. 일왕 부자를 처단하려다 '대역 사건'이란 죄명으로 사형 선고를 받고 무기로 감형되어 22년 2개월, 일수로는 8091일 동안 혹독한 감옥 생활을 견딘 '운명의 승리자'이지요.

당시 세계 감옥사에서 '하나의 죄'로 22년이 넘도록 옥고를 치르고 살아남은 혁명가는 그가 처음입니다. 더욱이 그는 심신이 건강한 상태로 생환하였지요. 그러나 단순히 그가 아나키스트라는 이유로, 그리고 6·25 후 북한에서 활동했다는 사실 때문에, 오랫동안 우리 역사에서 잊혀 왔습니다. 그동안 아나키즘을 반체제적인 이데올로기로 치부해 왔지요. '아나키즘'을 '무정부주의'로 번역하는 것부터가 잘못입니다. 모든 제도와 권력을 부정하는 이념으로 오해했기 때문입니다.

아나키즘의 어원은 그리스어 'anar-chos'인데 이것은 '지배자가 없다'는 의미입니다. '무강권주의'로 번역할 수는 있으나 '무정부주의'로 번역하는 것은 옳지 않아요. 자유를 갈망하는 것은 인간의 본능 가운데 하나지요. 인간은 하늘의 새처럼 거침없이 자유롭게 살아가기를 원합니다. 아나키즘은 이러한 인간의 근원적 욕망이나 이상을 근저로 하여 그것을 위해 싸우는 신념 체계랍니다. 궁극적으로 이상적인 인류 사회가 있다면 그것은 의심할 나위 없이 아나키즘의 사회일 것입니다.

식민지의 청년 박열에게 아나키즘은 일제 강권주의를 대체하는 구원의 이념이었지요. 일본 아나키즘의 거두 오스키 사카에와 교유했으며, 강권주의의 상징인 일본 왕을 살해하고자 했습니다. 그렇지만 박열의 사상적 근저를 이룬 것은 조국 해방을 염원하는 민족주의였답니다.

아나키즘과 공산주의는 상극의 관계입니다. 그는 공산주의를 배격했고 해방 후에도 이승만의 정부 수립을 지원했지요. 박열이 체포되기 전 도쿄에서 김약수, 조봉암 등과 '흑도회'를 결성해 활동하다가 이탈하여 따로 '흑우회'를 조직한 것도 흑도회의 사회주의적 경향성 때문이었습니다. 그런데도 북한에서 활동했다는 이유로 기피되어 잊혀진 독립지사로 역사의 저편에 묻히는 것은 부끄러운 일입니다.

청년기에 만난 인생의 스승

박열은 1902년 2월 3일 경상북도 문경군 마성면 오천리 98번지 샘골에서 아버지 박지수와 어머니 정선동의 셋째 아들로 태어났습니다. 어릴 때 이름은 '준식'이며 일명 '혁'이라고도 했지요. 나라를 빼앗긴 해인 1910년 9세 때 아버지를 잃고 홀어머니 밑에서 자랐습니다. 함창공립보통학교를 다녔는데 박준식이라는 이름으로, 학교에 학적부가 남아 있지요.

　　박열이 졸업하기 직전에 한국인 교사 한 분이 학생들을 몰래 모아 놓고, 자기는 이때까지 일본 정부의 압력에 못 이겨 거짓 교육을 시켰노라고 울면서 사과한 사건이 있었습니다. 박열은 이 선생님으로부터 조선 역사와 민족 독립의 필요성을 배우면서 민족의식과 반일 감정에 눈을 뜨게 되었답니다. 일본이 한국을 식민지로 삼은 후 가혹한 헌병 무단 통치를 자행하고 있을 때였지요.

　　가정 형편도 좋지 않았습니다. 상급 학교로 진학하고 싶었던 박열은 형님의 반대에 부딪힙니다. 당시 집안은 채무 보증을 잘못 섰다가 파산을 당한 상황이었어요. 하지만 단념하지 않고 도장관(지금의 도지사)의 추천을 받아 경성고등보통학교 사범과에 합격합니다. 나랏돈으로 공부할 수 있는 학교였으니 학비 부담이 덜했지요. 당시 수재들만 모인다는 이 학교에서 박열은 우수한 성적을 보이기도 했으나 일본 정부에서 주는 돈으로 공부한다는 것이 창피하기도 하던 차에, 사상이 건전치 못하다는 이유로 3학년 때 퇴학당하고 말아요. 1919년 3·1 독립 혁명이 일어나자 시위에 나선 것은 물론, 지하신문을 발행하고 격문을 살포하는 등 독립운동에 가담한 것이 퇴학의 직접적인 이유가 되었답니다.

　　경성고보 시절 박열의 일생에서 큰 영향을 끼친 사건이 있습니다. 일본 고등사범학교를 졸업한 젊은 일본인 교사로부터 들은 고토쿠 슈스이의 '대역 사건(아나키스트 고토쿠 슈스이가 일본 왕를 암살하려 했다는 음모 사건)'입니다. 심리학을 가르치던 이 교사는 당시 금기 사항이던 이 사건을 알리며 천황제의 문제점과 아나키즘에 대해 말해 주었어요. 이 교사는 고등관으로 조선에

부임해 왔는데, 이런 이유로 판임관으로 강등되고 담당 과목도
바뀝니다.

　　　일제의 탄압이 갈수록 심해지자 박열은 국내에서 독립
운동을 하기보다 일본으로 건너가는 것이 유리하겠다고 판단합
니다.

일본으로 건너가 항일 단체 조직

　　　박열은 18세가 되던 1919년 10월 도쿄로 건너갑니다.
감시와 고문이 심한 국내보다 국외가 압박이 적겠다고 판단, 사
상운동과 독립운동을 벌일 목적으로 결행한 것이지요.

　　　도쿄에 도착한 박열은 신문 배달부, 식당 종업원, 막노
동꾼, 우체부 등의 일을 하면서 세이소쿠 영어 학교에 다닙니다.
1921년부터 정태성, 김천해 등과 더불어 '노동 동지회'를 '재일
조선인 고학생 동지회'로 개편하고 사회운동에 참가합니다. '일
본 사회주의 동맹'의 창립을 전후로 재일 조선인 유학생들이 새
로운 사상운동에 합류하면서 박열은 김약수 등과 일본의 사상
가이며 아나키스트인 오스기 사카에, 이와사 사쿠타로와 만나
면서 이들로부터 인생관·사회관에 영향을 받습니다.

　　　이 무렵 박열은 '혈거단'이란 청년 단체를 조직해요.
목적은 조선인의 사상 퇴폐 문제와 공공연히 친일을 표방하는
자, 일본 정부나 사회단체로부터 공작금을 받아 조선인 학생과
노동자 조직을 분열·와해시키는 자들을 응징하기 위함이었어
요. 그는 조선 민족의 체면을 훼손시키고 독립운동을 방해하는
이들 타락분자를 단죄하기 위해 혈거단을 조직한다고 동지들에

게 그 취지를 밝힙니다.

1919년 3·1 혁명을 전후하여 일본에는 이미 상당수의 한국인 노동자와 유학생이 건너가 있었지요. 1921년 재일 한국인은 약 4만여 명에 달했습니다. 유학생은 매국노의 자제를 비롯한 극소수를 제외하고는 노동하면서 공부하는 고학생들이 대부분이었어요. 이들이 주축이 되어 '흑도회'가 창립됩니다.

흑도회는 민족적 사회운동 단체로 1921년 11월 원종린의 발기로 박열을 비롯해 김판권, 정태성, 조봉암, 임택룡, 장귀수, 김사국 등이 호응하여 창립합니다. 민족 차별과 압박에 대한 저항을 당면 목표로 출범하여 처음에는 소기의 성과를 거두지요. 그러나 김약수 등의 사회주의 계열과 박열, 원종린, 정태성 등의 아나키스트 계열이 사상적으로 대립하다가 결국 해산합니다. 이후 박열은 '흑노회'를 조직하여 1923년 2월에 이름을 '흑우회'로 바꾸고 활동하지요. 당시 그는 일본 여성 가네코 후미코와 동거 생활을 하면서 '흑우회'의 기관지 발행과 비밀 결사 조직인 '불령사'를 운영하며 항일 운동에 앞장서고 있었습니다. 이때만 해도 운명의 여신이 그의 곁으로 한발 한발 다가서고 있다는 사실을 그는 알지 못했지요.

박열과 함께한 가네코는 대단히 뛰어난 문필가로 학식이 높았습니다. 박열의 이름으로 발표된 논설 기사 중 상당 부분이 그녀가 대필한 것입니다. 그 무렵 〈현사회〉 지면에서 그녀는 자주 '박문자'라는 이름을 썼어요. 일본에서는 결혼하면 여자는 남편의 성을 따랐지요. 박열의 아내임을 스스로 공언한 것입니다. 그들의 생활은 어려웠답니다. 잡지 발간 비용을 조달하고 조직 활동비도 준비하고 또 생활비도 마련해야 했으니까요.

"나 박열은 피고가 아니다"

1923년 9월 1일 발생한 관동대지진을 전후하여 박열과 가네코 후미코를 비롯한 불령사 회원 17명이 검거됩니다. 박열은 조선 고향집에 돌아와 있다가 구속되어 일본으로 끌려가고 다른 불령사 회원들은 대부분 일본 현지에서 잡혀요. 관동대지진이 발생하기 직전 일본 관헌은 급진적 사상과 사회단체를 일제 검속하면서 불령사 회원들도 구속했는데, 그나마 대지진의 와중에 학살되는 참변을 모면한 것이 불행 중 다행이라면 다행이었습니다.

일본 정부는 불령사를 과격한 반체제 단체로 규정하고, 특히 박열과 가네코 등이 왕세자 히로히토의 결혼식에 폭탄을 던져서 일왕 부자와 일본 정부 고관을 암살하려 했다고 발표합니다. 동조자 김중한이 중국 상하이에서 폭탄을 구입해 오려고 했고, 그 비용은 흑우회가 기관지 〈현사회〉의 광고료로 충당하려 했다는 사실도 발표해요. 한편 이 사건으로 조선인 청년 혁명가와 일본인 여성의 사랑이 세간에 알려지면서 큰 화제가 되었답니다. '대역 사건'의 공범이 일본 여성이라는 점에서 일본 사회가 큰 충격을 받게 되지요.

박열은 일본 대심원 특별 법정의 공판에 앞서 1925년 9월 다음 네 가지 조건을 법원에 제시합니다. 일제 강점기 동안 한국인으로서 일본 법정에서 박열처럼 당당하고 떳떳하게 자기주장을 편 사람도 흔치 않아요. 한국인의 자존심을 일본에 알리는 일본 재판 사상 전무후무한 내용이었습니다.

첫째, 나 박열은 피고로서 법정에 서는 것이 아니다. 너 재판관이 일본의 천황을 대표해서 법정에 서는 것인 이상, 나는 조선 민족을 대표해서 법정에 서는 것이다. 천황을 대표하는 일본의 재판관이 법관을 쓰고 법의를 입는다면, 나도 조선 민족을 대표하는 입장에서 조선의 왕관을 쓰고 조선의 왕의를 입는 것을 허가할 것.

둘째, 나 박열은 피고로서 법정에 서는 것이 아니라 조선 민족을 대표하여 조국 조선을 강탈한 강도 행위를 탄핵하고자 법정에 서는 것이기 때문에 재판관이 일본의 천황을 대표해서 나의 질문에 답변하라. 즉 내가 법정에 서는 취지를 내가 선언하도록 해 달라는 것이다.

셋째, 나 박열은 일어를 사용하고 싶지 않다. 그러므로 조선어를 사용하고 조선어로 말하도록 해 달라. 조선어로 말할 터이니 통역을 준비할 것.

넷째, 일본의 법정이 일본의 천황을 대표한다고 해서 재판관은 높은 곳에 앉고, 일본의 천황에게 재판받는 나 박열은 낮은 곳에 앉는 터이다. 그러나 나는 소위 피고와는 다른 사람이다. 때문에 내 좌석을 너희 일인 판사의 좌석과 동등하게 만들어 달라.

　　　박열이 요구한 네 가지 조건에 대하여 대심원 심판부에서는 여러 날 동안 숙의한 결과 첫째와 둘째 조건을 들어주기로 했습니다. 이렇게 하여 박열은 조선의 국왕을 상징하는 의관을 갖추고 일본 법정에 서게 된 것이지요. 재판장은 또 '피고'라는 용어 대신 '그대'라고 호칭했어요.
　　　1926년 2월 27일 오하라 검사는 박열과 가네코에게 사형을 구형합니다. 박열의 최후 진술과 변호사의 변론을 거쳐 3월 25일 두 사람에 대한 선고 공판이 열립니다. 재판장의 선고가 끝난 순간 가네코는 소리를 높여 "만세!"를 외쳤어요. 박열은 "재판장 수고했네." 하고 인사할 만큼 여유를 보이면서 "내 육체야 자네들 맘대로 죽이려거든 죽이라. 그러나 나의 정신이야 어찌할 수 있겠는가"라고 신랄한 한마디를 덧붙였답니다. 가네코도 "모든 것이 죄악이요 허위요 가식이다"고 내뱉으며 "박열과 함께라면 죽음도 오히려 만족히 여긴다"라고 말했지요.

나중에 일본 정부는 사형을 선고해 놓고 마치 무슨 자비를 베풀 듯이 무기징역으로 감형합니다. 그러나 자신들의 육신을 신념과 사상의 제단에 바치고자 결심하던 박열과 가네코는 이를 반갑게 여기지 않아요.

당시 이치가야형무소의 아키야마 소장은 "특전으로 사형수를 무기징역으로 감형한다"라며 특사 명령을 낭독하고 박열에게 특사장을 수여합니다. 박열은 "흥!" 하고 냉소하며 받습니다. 소장은 남은 한 장을 가네코에게 내밀어요. 그때까지 소장의 행동을 지켜보던 가네코는 특사장을 손에 넣는 순간 조각조각 찢어 버린답니다. 그리곤, "사람의 생명을 멋대로 죽였다 살렸다 장난감으로 생각하다니, 무엇이 특사인가. 내가 당신들 멋대로 되게 할 줄 아는가." 하고 소리치지요. 소장은 깜짝 놀라 박열의 손에서 특사장을 빼앗습니다. 두 사람 모두 찢어 버리면 큰일이라고 생각했기 때문이에요. 명색이 일왕의 특사장인데 그걸 찢다니, 일본인 형무소장으로서는 상상도 할 수 없었던 일이지요. 결국 박열과 가네코를 돌려보낸 소장은 현장에 있었던 사람들에게 이 사실을 퍼트리지 말 것을 단단히 타일렀어요. 그리곤 신문기자들에게 두 사람이 깊이 뉘우치고 감격하여 눈물까지 흘렸다고 거짓말을 합니다.

박열은 자바형무소로, 가네코는 우쓰노미야 여자 형무소로 옮겨져 무기형으로 복무합니다. 그러던 중 7월 23일 가네코는 옥중에서 싸늘한 시체로 발견됩니다. 지금껏 풀리지 않은 의문사입니다. 사랑하던 아내이자 동지의 죽음을 가슴에 묻은 채 박열은 몇 차례 감옥을 옮기며 22년이라는 긴 세월을 차디찬 감옥에서 지냅니다.

분단의 희생양이 된 독립운동가

일제가 패망하자 1945년 10월 27일 박열은 복역 중이던 아키다형무소에서 석방됩니다. 맥아더 사령관의 '정치범 즉시 석방'에 관한 포고령에 따른 것이었지요. 그는 틈틈이 써둔 글을 가지고 감옥을 나옵니다. 옥중에서 중국과 일본의 고대사에 관심을 갖고 그 방면에 많은 독서를 했답니다.

1946년 1월 20일 일본에서 열린 '신조선 건설 동맹'은 창립 대회에서 박열을 위원장으로 선출하고 '민주주의적 건국 의식', '사해동포·세계 협동', '민족 자주', '근로 대중의 동지' 등을 강령으로 선언합니다. '신조선 건설 동맹'은 그해 가을 '재일 조선건국촉진 청년동맹' 등 범우파 단체들을 흡수·통합하여 '재일조선 거류민단'이라는 거대한 조직을 발족시켜요. 단장에 박열, 부단장에 이강훈이 선출되지요. '재일조선 거류민단'은 태평양 연합군 사령부 및 남한 쪽 단독정부 수립 세력과 연계하며 재일 교포 문제의 해결에 나서고, 박열은 민단 활동을 거점으로 우파 대열에 합류합니다. 이승만은 1946년 12월과 47년 4월 국제연맹 회의 참가를 위한 미국 방문길과 귀국길에 박열과 두 차례 만납니다.

박열이 조국에서 모습을 드러낸 것은 1948년 8월 15일

박열 출옥을 환영하는 민중 대회.

대한민국 정부 수립 축하 행사 자리였습니다. "자그마한 키에 뚱뚱한 몸집, 혈색 좋은 불그스레한 얼굴은 과연 전형적인 투사의 모습이었다"고 당시 언론은 쓰고 있지요. 박열이 국무총리가 될 것이라는 항간의 소문에 대해 묻는 기자에 박열은 "국무총리가 되는 것도 좋으나 조국을 통일시킬 수 있어야 그 자리를 하지, 그럴 가망이 보이지 않는 국무총리는 해서 뭐하나." 하고 말합니다. 개인의 영달을 꾀하지 않았던 지사의 모습이지요. 그는 "조국 독립이 나의 염원이요, 조국 통일이 나의 전부이다"라며 통일 정부 수립의 강한 의지를 밝힙니다.

1949년 5월에 이어 50년 4월 초 영구 귀국 목적으로 경무대를 방문해 이승만 대통령을 만납니다. 이때 이승만은 "내

아들 노릇을 하라"면서 새로운 정부에서 큰 역할을 맡아 달라고 합니다. 박열은 공식적인 대통령의 연락을 기다리며 한국 아나키스트 단체인 '자유사회 건설자연맹' 관계자들과 정세를 지켜봅니다. 그리고 6·25 전쟁이 터져요. 전쟁이 발발한 지 사흘 뒤 박열은 장충동에서 인민군에게 붙잡혀 북으로 끌려갑니다. 당시 서울에는 재혼한 부인 장의숙과 아들 영일, 딸 경희 두 어린 남매가 살고 있었어요.

이후 박열은 전쟁과 이어진 냉전 상황에서 다른 납북 인사들과 마찬가지로 사람들의 기억에서 잊혀집니다. 그의 아나키즘 사상이 반체제 이념으로 인식·조작되어 남한의 지식인, 언론에서 외면당해요.

그의 이름이 다시 남한의 언론에 등장한 것은 1974년 1월 18일입니다. 국내 신문 한 귀퉁이에 짤막한 1단짜리 기사로 박열이 1월 17일 73세의 나이로 사망했다는 소식이 실려요. 일본에서 수신된 평양 쪽 발표는 그를 '재북 평화통일 촉진협의회' 회장으로 소개하고 있었지요.

박열은 남쪽에서 태어나 일본으로 건너가서 일왕 부자를 죽이려다가 '대역 죄인'으로 몰려 청춘을 온통 감옥에서 보냈어요. 해방된 조국으로 돌아왔다가 북쪽으로 끌려가서 그곳에서 통일 운동을 하다가 생애를 마감한 실천적 사상가이며 혁명가였지요. 그런 그의 사망 소식을 일본을 거쳐 들어야 하는 아이러니는 동시대 한국인들의 비극이자 민족사의 아픔입니다.

4부
통일 정부의 꿈

임시정부와 통일 운동

임시정부 대통령이 된 역사학자 박은식

과거 공부보다 신학문에 관심

　　박은식은 한말·일제 강점기의 구국 언론인, 민족 사학자, 독립운동가이자 임시정부 대통령을 역임한 인물입니다. 상하이 망명 시절에 쓴『한국통사』와『한국독립운동지혈사』등은 빼앗긴 나라의 혼을 지키고, 기백 있는 청년들을 독립전선에 뛰어들게 하였지요.

　　박은식 같은 분이 있었기에 일제 강점기에 민족혼을 지킬 수 있었고, 독립운동가들이 나라를 찾는 일에 자부심을 갖고 싸움터에 나아갔습니다. 그의 생애는 근현대 한민족의 고난과 함께하였고, 그의 민족정신은 우리 겨레의 염원을 대변했습니다.

　　박은식은 1859년 9월 30일 황해도 황주군 남면 바닷가에서 아버지 박용호와 어머니 노씨 사이에서 태어났습니다. 다섯 형제 중 네 명이 일찍 죽고 혼자 자랍니다. 본관은 밀양, 자는 성칠, 호는 겸곡·백암·태백광노라 했습니다. '태백광노'는 "태백산(지금의 백두산)이 있는 나라의 사람으로 망국을 슬퍼하여 미쳐서 돌아다니는 노예"라는 뜻으로『한국통사』를 쓸 당시 사용합니다. 중국에서 독립운동을 할 때에는 '박기정'이라는 다른 이름을 쓰기도 하고, "나라를 잃고도 부끄러움을 모른다"는 뜻의 '무치생'이라 한 적도 있습니다.

한학을 공부한 박은식은 어려서부터 재주가 비상하여 신동으로 불렸다고 합니다. 특히 시문에 뛰어났다고 해요. 17세에 『사서삼경』과 『제자백가』 등을 통달했으나 당시 출세 길이던 과거 공부에 회의를 느껴 신학문에 더 관심을 두었다고 합니다. 고향을 떠나 안중근의 아버지 안태훈과 교류하면서 폭넓은 학문을 했지요.

박은식은 부모가 맺어 준 연안 이씨와 결혼합니다. 그때가 21세였는데 당시로는 늦은 결혼이었지요. 이후 경기도 광주에 사는 다산 정약용의 제자 신기영과 정관섭을 찾아가서, 실사구시의 학문을 배웁니다.

24세가 되던 해 서울에 공부하러 올라온 박은식은 임오군란을 목격합니다. 이에 '시무책(급히 해결해야 할 사안을 왕에게 올리는 글)'을 지어 왕에게 올리나 받아들여지지 않자 크게 실망합니다. 이후 평안도 태천에 사는 박문일의 문하에 들어가 성리학 연구에 전념하지요. 이 시기에 양명학에 대해서도 공부한 것 같습니다. 훗날 『왕양명실기』를 저술하는 등 양명학을 바탕으로 독립운동을 전개하기도 하지요.

고향으로 돌아온 박은식은 자기 집에 학당을 세우고 청년들을 가르칩니다. 임오군란으로 일본과 제물포조약이 맺어지고 갑신정변이 일어나는 등 나라가 어수선할 때였습니다. 어머니는 외아들이 다른 일에만 열중하는 것이 못마땅하여 과거를 보라고 재촉합니다. 그래서 27세 때에 향시를 보아 특선으로 뽑혀요. 관찰사 남정철이 박은식의 시문을 보고 우수한 재능을 인정한 것입니다. 박은식은 1888년부터 1894년 갑오개혁이 일어날 때까지 6년간 능참봉으로 일하며 동명왕의 능을 관리합니다. 처음이자 마지막인 관직 생활이었지요.

1894년 동학 농민 혁명이 일어나고 세상이 크게 어지러워지자 박은식은 강원도 원주군 주천 마을로 이사하여 은거 생활을 합니다. 이때까지도 아직은 역사의식이나 현실 인식이 부족했던 것 같습니다. 그 대신 학문은 나날이 깊어갔지요. 그는 1898년 독립협회의 사상과 운동에 영향을 받아 성리학과 위정척사론에서 전환하여 개화사상을 갖게 됩니다.

위정척사론을 매섭게 비판하다

1898년 3월 독립협회 주최로 서울 종로에서 만민공동회가 열립니다. 그해 10월에는 정부 대신들을 참석시킨 가운데 1만여 명이 모여 정부의 매국적 행위를 규탄하고 개혁을 요구하는 만민공동회가 또 한 번 열리지요.

이때 박은식은 만민공동회의 문교부장급 간부로 발탁되어 활동합니다. 이것이 사회운동에 참여하는 최초가 되지요. 그해 9월에 남궁억, 유근, 나연수 등이 〈황성신문〉을 창간하자 장지연과 함께 주필로 초빙됩니다. 시문에 능한 그의 능력이 높이 평가되었기 때문입니다. 독립협회가 해산된 후에는 1900년부터 경학원의 강사와 한성사범학교의 교수로서 학생 교육에 전념합니다. 이때 『경곡문고』와 『학규신론』이라는 책을 펴내지요. 모두 교육의 진흥책을 논하는 내용입니다.

1905년 을사늑약이 강제되고 이에 항거하여 〈황성신문〉의 장지연이 「시일야방성대곡」을 썼다가 신문이 폐간당합니다. 당시 서울에는 〈대한매일신보〉가 창간되어 〈황성신문〉과 쌍벽을 이루고 있었습니다. 1904년 영국인 베델을 사장으로 하고 양기탁 등 민족진영 인사들이 중심이 되어 창간한 이 신문은 국민 계몽과 반일 논설·기사를 주로 실었지요. 발행인이 영국인이었기에 검열을 받지 않고 당당하게 민족진영의 대변지 역할을 할 수 있었답니다. 신채호도 주필이 되어 이 신문에 많은 글을 썼지요.

박은식은 〈황성신문〉과 〈대한매일신보〉를 통해 의욕적으로 활동했습니다. 개화론자로서 위정척사론과 수구적인 유림을 매섭게 비판하고 기울어 가는 나라를 구하려면 개화사상과 신학문에 힘써야 한다고 주장합니다.

박은식은 1906년 대한자강회가 설립되자 여기에 가입하고 〈대한자강회 월보〉에도 애국 계몽적인 논설을 씁니다. 이 중 「유교 구신론」은 한말 유교의 근대화 운동을 주도한 중요한 논문으로 평가받고 있습니다. 박은식은 이 논문을 통해 공자의 '대동주의'와 맹자의 '민위중지설'(백성을 군주의 위에 두고 중히 여겨야 한다는 주장)에 의거하여 민중적 유교로, 그리고 세계를 대상으로 하는 적극적인 유교로, 양명학에 입각한 실천적인 유교로 개혁할 것을 주장하고 있습니다.

을사늑약으로 나라의 운명이 위기에 처하자 박은식은 '서우학회'를 조직하고 기관지 〈서우〉의 주필로 활동하면서 국민을 계몽하고 일제의 폭압을 강하게 비판합니다. 〈서우〉는 1908년 1월까지 모두 네 권이 나왔는데, 박은식은 이를 직접 편집하는 열성을 보여요.

1907년 4월 미국에서 돌아온 안창호와 전덕기, 이동녕, 이회영, 이동휘, 김구, 신채호, 이갑 등이 비밀결사 신민회를 조직합니다. 박은식은 여기에 참여하여 국권 회복 운동을 벌이지요. 신민회의 결정에 따라 '서우학회'와 '한북흥학회'가 통합하여 '서북학회'가 창립되자 실질적인 지도자 역할을 합니다.

겸손하고 포용력이 있어서 많은 사람이 그를 따르지요.

이 시기에 그는 특히 교육 사업에 많은 관심을 가졌습니다. 오성학교와 서북협성학교를 설립하고 교장직을 맡습니다. 최남선과 함께 '광문회'를 조직하여 고전의 출간과 연구에 힘쓰기도 하지요.

일제가 신기선 등의 친일파를 내세워 유림을 친일 세력화하려는 공작을 전개하자 이에 맞서 대동교를 설립하고, 유교 개혁론의 일환으로 양명학을 연구하여 『왕양명실기』를 씁니다. 그 내용이 최남선이 운영하는 〈소년〉 지에 실리지만 일제는 이 잡지를 불온서적으로 압수하고 폐간시킵니다.

1910년 결국 나라를 빼앗기자 언론 기관이 문을 닫고 반일 우국 단체들이 탄압을 받기 시작합니다. 조선의 역사책도 모조리 수거되어 소각되지요. 분노와 비통함에 젖은 박은식은 다음과 같은 시로 그 심경을 표현합니다.

국체는 비록 망했으나 국혼만 소멸당하지 않으면
부활이 가능한데 지금 국혼인
국사마저 불태워 소멸하니
통탄을 금할 수 없노라

"나라의 혼은 빼앗기지 않았다"

　　박은식은 1911년 4월, 그의 나이 53세 때 국경을 탈출하여 서간도 환인현 홍도천으로 망명합니다. 얼마 전 부인이 병사하여 그 아픔은 더욱 컸을 것입니다. 대종교의 지도자이면서 독립운동가인 윤세복의 집에서 지내면서 박은식은 몇 권의 영웅전을 펴냅니다. 『동명왕실기』, 『발해태조 건국지』, 『몽견 금태조』, 『연개소문』, 『대동 고대사론』 등이 그것입니다. 1년여 동안 책을 쓴 박은식은 3월부터 펑톈을 지나 베이징, 톈진, 상하이, 난징, 홍콩 등지를 순방하며 망명 지사들과 중국인 반일 인사들을 만납니다. 독립운동의 방략을 논의하고, 중국 지식인들과는 한·중 두 나라의 반일 투쟁 연대를 상의하지요.

　　1911년 7월 상하이에서 신규식, 홍영희, 정인보 등과 '동제사'를 결성하고, 총재로 추대됩니다. 동제사는 중국 관내에서 조직된 최초의 독립운동 단체였습니다. 이어 동포들의 자녀 교육을 위하여 박달학원을 개설합니다. 그 후 박은식은 홍콩으로 건너가서 중국인 친구들의 요청으로 중국어 잡지 〈향강〉의 주간이 됩니다. 이때에 중국의 혁명 지도자인 캉유웨이, 량치차오 등 많은 인물들과 교유하지요. 그러나 이 잡지가 위안스카이의 전제 정치를 비판하다가 폐간당하자 상하이로 돌아옵니다.

　　상하이에 온 박은식은 저술 활동에 전념하지요. 『안중근전』을 쓰고, 망명 이후 틈틈이 써 온 『한국통사(韓國痛史)』를 마무리합니다. 박은식은 역사책에서 흔히 쓰는 '통할 통(通)' 자 대신에 '아플 통(痛)' 자를 써서 역사가의 결연한 자세를 보입니다. 이 책은 1864년부터 1911년까지의 한국 근대사를 서술하는 내용이지요. 일제 침략의 잔학성을 폭로하고, '국혼'(나라의 정신)

과 '국백'(나라의 물질적 기반)을 나누어 설명합니다. 그러면서 **빼**앗긴 것은 '국백'뿐이요, '국혼'이 살아 있으니 이를 잘 지키고 강화하여 독립을 쟁취할 것을 강조합니다. 『한국통사』는 1915년 중국인 출판사에서 간행되었는데, 국내로 유입되자 조선총독부는 여기에 맞서 『조선반도사』를 편찬해요. 발간 이유를 "한국통사처럼 독립을 선동하는 역사서의 해독을 소멸하기 위해서"라고 할 만큼, 『한국통사』의 영향은 컸습니다.

　　박은식은 캉유웨이의 부탁으로 상하이에서 〈국시일보〉 주간에 취임하여 항일 언론 활동을 하면서 『대동민족사』를 쓰는 데 온 힘을 기울입니다. 〈국시일보〉가 폐간되자 잠시 러시아에 다녀온 그는 신규식과 함께 '대동보국단'을 조직하여 단장으로 추대되지요. 당시 나이 57세의 고령임에도 일선의 비밀 항일 단체 책임자가 된 것입니다.

　　1915년 3월에는 상하이에서 이상설, 신규식, 여운형 등과 우리나라 최초의 근대적 정당인 신한혁명당을 조직하고, 이 단체의 취지서와 규약을 만들어요. 신한혁명당은 파리 강화 회의에 한국 대표를 파견하기 위해 급조한 정당이었지만, 3·1 혁명과 이후 임시정부 수립의 초석이 됩니다.

　　1918년 러시아 지역 동포들의 초청으로 우수리스크에 간 박은식은 〈한족공보〉 발행에 관여하고 『발해사』와 『금사』를 번역하는 한편 『이준전』을 씁니다. 동포들을 찾아다니며 역사를 강연하고 독립운동 대열로 이끌지요. 블라디보스토크에서는 '노인단'을 조직하여 청년뿐만 아니라 노인들도 독립운동에 앞장서도록 지도합니다. 의열 투쟁에 앞장선 강우규 지사가 바로 노인단 단원이었습니다.

　　1919년 국내에서 3·1 혁명이 일어나자 서울에서 4월에 발표된 한성 임시정부는 박은식을 평정관으로 위촉합니다. 그는 상하이 임시정부 수립에도 중요한 역할을 하는 한편 '대한민국 임시정부 성립 축하문'을 작성한 데 이어 기관지 〈독립신문〉의 사장에 임명되어 독립운동을 이론적, 사상적으로 지도합니다. 1894년부터 3·1 혁명까지의 독립운동사를 저술하여 나중에 『한국독립운동지혈사』라는 책으로 묶이게 됩니다. 언론 활동을 활발히 펴온 박은식은 이 외에도 중국인이 경영하는 〈구국일보〉의 주필로 활동하면서 한·중 두 나라 국민의 결속을 다지는 데 기여합니다.

박은식의 서거를 보도하는 신문 기사(중화보 1925. 11. 4).

임시정부의 정신적 기둥

임시정부 초대 대통령 이승만이 탄핵을 당하자, 1924년 12월 11일 정부 요인들은 그에게 국무총리와 대통령 서리를 맡깁니다. 난관에 빠진 임시정부를 바로 세우는 중책을 맡게 된 것이지요. 이듬해에 3월 23일에는 제2대 대통령으로 선출됩니다. 그의 나이 67세에 임시정부를 이끄는 정상이 된 것입니다.

박은식은 각료들을 이끌고 순국열사에 대한 추도회를 여는 것으로 대통령의 임무를 시작합니다. 이승만 중심의 구미위원부를 폐지하고, 독립운동가들을 결속시키기 위하여 임시정부 헌법을 수정, 대통령 책임제에서 국무위원제로 바꿉니다. 새로운 헌법에 따라 만주의 무장투쟁 단체인 서로군정서의 총재였던 이상룡을 국무령으로 추천하고, 자기는 신병을 이유로 일선에서 물러납니다. 실제로 이 시기 과로가 겹쳐 신체가 많이 쇠약해진 상태였습니다. 그해 7월부터 인후염으로 고생하다가 기관지염이 도지고, 병세가 계속 악화되어 11월 1일 결국 67세로 서거합니다.

박은식의 장례는 11월 4일 임시정부 최초의 국장으로 치러지고, 상하이 정안사로길 공동묘지에 안장됩니다(1993년 국내로 봉환). 그는 우리 독립운동사에 커다란 발자취를 남깁니다. 항일 구국 언론 운동을 펼치며 임시정부 수반을 역임하는 한편, 『한국독립운동지혈사』 등의 역사책들을 써서 대한민국 정부 수립의 정신적 기반이 되었지요.

임시정부의 살림꾼 정정화

고관대작의 딸로 태어나다

조선 시대의 여성들은 가부장적인 질서 속에서 이중삼중의 굴레가 씌워집니다. 남존여비의 사회에서, 남성들이 정치를 잘못하여 나라를 빼앗기고도 고통은 여성들이 더 많이 겪은 것입니다. 병자호란 때 여성들은 청나라에 포로로 잡혀가 모진 수난을 당하고, 귀환해서는 '화냥년'으로 몰려 음독하거나 투신해야만 했던 아픈 역사를 봐도 그렇습니다.

일제 강점기에도 크게 다르지 않았습니다. 어렵게 지은 농작물을 빼앗기고, 수많은 젊은 여성들이 '일본군 강제 성노예'로 끌려가 희생돼요. 남편이나 자식이 독립운동에 투신하면 가족의 생계를 떠맡거나, 일제에 시달리고 더러는 모진 고문과 학살을 당하기도 했지요.

남성들 못지않은 여성 독립운동가도 있었습니다. 그들은 가족과 함께 또는 홀로 독립운동에 참여했습니다. 직접 싸우거나 부상자 치료 또는 보급이나 정보·선전 활동을 하였지요. 전통의 굴레와 고통을 견디면서 조국 해방 투쟁에 몸을 던졌던 것입니다. 그럼에도 남성 위주의 기록·연구로 이분들의 활약은 대부분 묻히거나 간단히 소개되는 정도였습니다. 여기 대표적인 여성이 있습니다. 바로 '한국의 잔 다르크', 또는 '대한민국 임시정부의 안살림꾼'으로 불린 정정화입니다.

정정화는 1900년 8월 3일 종로구 장사동에서 2남 4녀 가운데 셋째 딸로 태어났습니다. 아버지 정주영은 무과에 급제하여 전라우도 수군절도사, 경상좌도 병마절도사, 병조참판을 거쳐 경상북도, 경기도, 충청남도의 관찰사를 역임한 고위 관리였지요. 정주영의 아버지 역시 공조판서, 형조판서, 한성판윤, 농상공부대신 등을 지낸 분이었습니다.

명문대가에서 태어나고 두뇌가 명석했던 정정화는 그러나 공부를 하지 못합니다. 여자에게는 글공부를 시키지 않는 오랜 관습 때문이지요. 하는 수 없이 정정화는 몰래 오빠들을 따라 서당에 다니며 천자문을 떼었답니다. 아버지가 이를 알고서는 다시는 서당 근처에는 가지 못하도록 엄명을 내리지요. 그럼에도 정정화는 오빠들의 책으로 집에서 『소학』까지 익혀서, 결혼 전에 신문을 읽을 정도가 됩니다.

11세가 되는 1910년 동갑인 김의한과 혼례를 치릅니다. 조혼의 악습이 남아 있던 시절이었습니다. 신랑의 아버지는 공조판서, 농상공부대신을 지낸 김가진입니다. 양가 모두 조선 말기의 세도 가문이었지요. 김가진은 당시 안동부사였던 김응균의 차남으로 태어난 서자였지만, 갑신정변 후 적서차별이 타파되면서 마흔이 넘은 나이에 문과에 급제하여 관가에 나아가 중추원의장, 농상공부대신, 규장각제학 등을 역임합니다.

정정화가 결혼한 해는 나라가 일제에 병탄되는 망국의 시절이었습니다. 어린 나이라 나라 사정이나 시국에 대해서는 자세히 몰랐겠지만, 집안 어른들을 통해 대강의 사정은 짐작할 수 있었겠지요.

남편 김의한은 한학을 공부하다가 1914년에 매동소학교에 들어가 신학문을 배우고 3년 뒤에는 중등학교에 들어갑니다. 정정화는 남편을 통해 세상 돌아가는 이야기를 듣게 되고 그럴수록 시국에 많은 관심을 갖게 되지요.

그러다 일생을 뒤바꾸는 엄청난 사건이 터집니다. 1919년 3·1 혁명이 일어나자, 시아버지는 조선 독립을 추구하는 비밀 결사 '조선 민족 대동단'을 조직합니다. 전협, 최익환, 권헌복, 권태석, 정남용, 정두화 등 40여 명이 주측이 되어 김가진을 총재로 추대합니다. 대동단은 '대동단 선언'을 통해 조국의 독립을 선언하고, 일제와 싸울 것을 천명하지요. 당시 김가진은 일제로부터 구 황실의 왕족, 대신들과 함께 서훈까지 받지만, 이를 반납하고 칩거할 때입니다.

대동단은 〈대동신보〉라는 비밀 지하 신문을 만들어 일제와 투쟁을 벌이지요. 그러다 총독부의 압박이 심해지자 중국으로 망명할 계획을 세웁니다. 그해 10월 시아버지가 남편을 데리고 망명을 떠나지요. 애초 의친왕 이강과 함께 떠나 상하이의 임시정부에 합류할 계획이었으나 차질이 생깁니다. 그리고 정정화는 첫 딸을 낳았으나 곧 숨지는 아픔을 겪게 돼요.

그동안 김가진 부자는 만주 안동을 거쳐 상하이 임시정부에 도착합니다. 대한제국의 고위 관리 출신이 망명하여 임시정부에 합류한 사례는 김가진이 처음이었답니다. 조선총독부가 받은 충격은 이만저만이 아니었지요. 대동단에 대한 색출 작업이 시작되고, 단원 30여 명이 검거되었으며 단장 전협은 체포되어 8년 형을 선고받고 복역 중에 옥사합니다.

남편과 시아버지가 망명하고 대동단 사건으로 큰오빠가 구속되었으며, 자신은 첫아이를 잃습니다. 한꺼번에 닥친 시련이었지요. 이것이 모두 그의 10대에 벌어진 일입니다. 명예롭고

풍족했던 집안이 일시에 풍비박산이 납니다. 정정화는 이대로 눌러앉아 있을 수 없다고 결심하지요. 상하이로 가서 늙은 시아버지를 모시는 것이 며느리의 도리라고 생각합니다.

스무 살에 홀로 찾아간 임시정부

1920년 1월 초 정정화는 멀고 험한 길을 떠납니다. 기차를 타고 의주를 거쳐 압록강 철교를 건너지요. 이후 펑톈→산하이관→톈진→난징을 돌아 마침내 상하이에 도착합니다. 남자들도 어려운 수만 리 길을 스무 살의 젊은 여인이 통과한 것입니다. 정정화는 그곳에서 남편과 시아버지는 물론 박은식, 이시영, 이동녕, 신규식 등 독립운동 지도자들을 만납니다. 그런데 그들이 먹고사는 모습을 지켜보니 마음이 아팠습니다. 식사가 얼마나 부실한지 그야말로 죽지 않으려고 먹는 수준이었던 것입니다.

상하이에 도착한 지 한 달쯤이 지나서 그녀는 고국에서 독립 자금을 마련해 오겠다고 말 합니다. 쉽게 허락이 될 일이 아니지요. 일제 경찰에게 붙잡히면 어떻게 될지는 뻔한 일이고요. 그러나 정정화는 주변의 만류에도 뜻을 굽히지 않습니다. 결국 왔던 길을 되돌아 서울에 잠입하지요. 허리춤에 시아버지의 밀서를 차고 말입니다.

밀서는 김홍집 내각 때 동료이자, 오랜 친구인 거부 민영달 등에게 보내는 것이었습니다. 그러나 민영달은 도움을 거절합니다. 또 다른 고관 출신들도 비슷했습니다. 그럼에도 정정화는 약간의 독립 자금을 구해 몇 달 후 상하이에 도착합니다. 독립지사들의 칭찬과 격려가 쏟아졌지요. 적지만 그 돈은 임시정

상하이 임시정부의 여인들. 앞 줄 왼쪽에서 세 번째 여인이 정정화.

부 운영에 중요하게 쓰였답니다. 이 무렵 그녀는 '묘희'라는 본
명을 버리고 '정정화'로 개명하고 몸과 마음을 닦는다는 뜻으로
'수당'이라는 호를 사용합니다. 일제 정보망을 피하기 위해서였
지요.

임시정부에 자리 잡은 정정화는 독립을 위해 헌신할 것
을 다짐하는 한편 틈을 내어 공부합니다. 임시정부 어른들이 쓴
책을 비롯하여 한학과 역사 서적을 읽으며 한국의 역사는 물론
중국과 서양의 역사를 두루 섭렵합니다. 후에는 한시를 지을 정
도로 한학에 조예가 깊었지요.

임시정부의 처지는 갈수록 더욱 어려워집니다. 3·1 혁
명 후에는 국내에서 연통제(임시정부와 국내 각 지역과의 비밀 조직)
를 통해 적지 않은 독립 자금이 들어왔으나, 이 조직이 일제에 적

발되면서 자금 길이 차단됩니다. 이로써 임시정부 활동은 물론 정부 요인들의 생계는 더욱 어려워지지요.

다시 정정화가 귀국길에 오릅니다. 시아버지와 독립운 동가들이 한사코 만류했으나, 굶고 있는 지사들을 언제까지 보고만 있을 수는 없었지요. 친정아버지를 찾아갑니다. 아버지는 반가워하면서도 딸의 어려운 처지를 알고, 일본으로 유학을 갈 것을 권하지요. 경찰에게 붙잡히는 날에는 어찌 될지 아버지는 잘 알고 있었기 때문이지요.

정정화는 단호히 거절합니다. 남편과 시아버지가 원수로 생각하는 일본으로 유학 가는 것을 수용할 수 없었던 것입니다. 아버지의 마음을 알지만 어쩔 수 없었습니다. 그녀는 아버지를 설득해 독립 자금을 받고, 알 만한 사람들을 찾아다니면서 약간의 기금을 마련합니다. 그리고는 다시 험한 길을 거쳐 임시정부로 가지요. 사정이 어려운 것은 나라 안팎이 마찬가지였습니다. 당시 일본의 정보 기록은 "김가진 일가가 수개월 치 집세와 식비를 체불해서 중국인 집주인이 퇴거를 요구하였다"고 쓰고 있습니다. 그런 상황에서도 임시정부를 지원한 것이지요.

1922년 6월 중순, 정정화는 세 번째 밀입국을 시도하다 압록강에서 체포되고 맙니다. 김가진의 며느리라는 사실이 밝혀지고 종로경찰서로 압송되지요. 정정화는 놀라거나 두려워 않고, 상하이에서 살기 어려워 혼자 도망쳐 들어오는 길이라고 둘러댑니다. 그 말을 믿은 경찰은 며칠 후 그녀를 풀어 줘요. 하마터면 큰 시련을 겪을 뻔했지만 임기응변으로 위기를 모면한 것입니다.

그러나 독립 자금의 모금은 이번에도 쉽지 않았습니다. 형사가 그림자처럼 뒤따르며 감시했기 때문입니다. 친정아버지에게 매달릴 수밖에 없었지요. 그러는 사이에 시아버지가 돌아가

셨다는 전보가 도착해요. 1922년 7월 4일 향년 77세의 시아버지가 영양실조로 이국 땅에서 숨진 것입니다. 망명을 하지 않고 국내에 남았다면 호의호식했을 터인데, 모든 기득권을 버리고 독립운동에 나섰다가 순국한 것입니다. 임시정부는 곤궁한 처지에서도 성대하게 장례식과 추도식을 치르고 만국공묘에 안장합니다.

며느리를 각별히 아끼고 독립정신을 가르쳤던 시아버지의 부음을 듣고 그녀는 소리 없이 통곡합니다. 시댁에 상청(죽은이의 혼을 모시는 곳)을 차리고 조문객을 받습니다. 그런데 조의금이 450원이나 들어왔답니다. 당시 시어머니는 총독부에 재산을 모두 빼앗긴 채 자식 셋을 데리고 친척 집에서 곁방살이하고 있었습니다. 정정화는 시어머니께 조의금 중 일부를 생활비로 드리고, 남은 돈을 가지고 다시 상하이로 떠나요.

정정화는 1922년 10월 네 번째로 귀국합니다. 이번에는 재력이 여전한 친정아버지에게, 미국 유학을 갈 테니 목돈을 달라고 하지요. 그리고 근화학원에 다니면서 영어를 공부합니다. 내년 봄이 되면 쌀을 팔아 3000원을 주겠다는 아버지의 다짐 때문이에요. 그러나 이듬해 3월 친정아버지가 돌아가시자 그녀는 얼마의 자금을 지닌 채 상하이로 돌아갑니다.

정정화는 1924년 12월에 다섯 번째, 1930년 7월 여섯 번째로 귀국합니다. 이때는 갓 태어난 아들을 데리고 와요. 할머니와 외할머니에게 손자를 보여 주고 독립 자금을 구하기 위해서였지요. 그동안 일제의 식민 통치가 강화되면서 민심은 크게 위축되고 있었습니다. 특히 부자들은 대부분 친일로 기울고 있었어요. 자금 모으기가 갈수록 어려워졌습니다. 1931년 거의 빈손으로 국경을 넘으면서 독립되기 전에는 다시 조국을 찾지 않겠다고 다짐합니다.

당시 임시정부는 여러가지로 곤경에 빠져있었어요. 재정난이 극심해지고 임시정부 기관지 〈독립신문〉 사장이던 이광수가 변절합니다. 내부에서는 이념, 지역, 출신 성분 등으로 갈립니다. 임시정부는 겨우 간판만 유지하고 있었다 해도 지나치지 않을 것입니다.

임시정부의 안살림을 도맡다

이런 가운데 김구는 임시정부의 활로를 모색하고 있었습니다. 비밀결사인 '한인애국단'을 조직했습니다. 정정화의 남편 김의한도 이 조직에 입단합니다. 1932년 애국단원 이봉창과 윤봉길의 의거가 있었지요. 임시정부는 일제에 쫓겨 상하이를 떠납니다. 정정화 일가는 윤봉길 의거 후 저장성으로 피신하지요. 1934년 봄 김의한이 중국 공무원으로 취직하자 장시성으로 옮겨 갑니다. 1935년 9월부터 6개월 동안 김구의 어머니 곽락원을 모시고 생활하지요. 이즈음 김구 중심의 한국국민당이 창당되자 정정화는 남편과 함께 평당원으로 입당합니다.

그동안은 남편의 월급으로 생활을 해 왔으나 1938년 2월 남편이 퇴직하고 후난성 임시정부 청사에 합류하면서 다시 극심한 생활고를 겪게 됩니다. 국내에서는 전시 제제가 강화되고, 독립운동가들에 대한 탄압이 더욱 심해져서 입국이 어려웠지요. 7월이 되자 임시정부와 함께 광둥성 광저우로 이동합니다. 이때부터 정정화는 임시정부의 안살림을 도맡으며 독신 독립운동가들의 수발을 맡습니다. "나라가 어려울 때이면 현명한 재상이 요구되고, 가정이 빈한하면 지혜로운 며느리가 필요하다"는 우리

나라의 격언이 있지요. 정정화는 바로 이런 며느리였습니다. 독립운동가들이 최소한의 생계를 유지하면서 항일 투쟁에 나설 수 있었던 것은 정정화의 공로가 적지 않았어요.

1937년 7월 일제의 중국 침략으로 중·일 전쟁이 시작되면서 임시정부는 전시 체제를 갖춥니다. 1938년 11월 류저우로, 1939년 4월 치장으로, 1940년 11월 충칭으로 이동할 때 정정화는 임시정부 요인들의 뒷바라지를 책임지게 됩니다.

그사이 남편 김의한은 1940년 6월에 설립한 한국독립당 감찰위원으로 선출되고, 정정화는 한국독립당의 산하 단체인 '한국혁명 여성동맹' 간사를 맡습니다. 김의한은 또 한국광복군 창건에 참여하여 정녕(대령)으로 복무하지요.

정정화의 역할은 안살림에 그치지 않습니다. 1941년 10월, 임시정부 산하에 3·1 유치원이 설립되자 교사로서 아이들에게 한국의 역사 등을 가르칩니다. 또 1943년 2월 '한국애국부인회'가 설립되자 집행위원 겸 훈련부장 주임을 맡게 되지요.

김의한도 한국독립당 조직부 주임, 임시정부 외무부 외교 연구위원과 한국독립당 선전부 주임, 광복군 정령 겸 정훈처 선전위원으로 일제와 싸웁니다. 두 사람은 부부 독립운동가로 조국 해방 전선에 선 것입니다.

정정화가 난징에 있을 때에는 의열단장 김원봉 부인 박차정이 병고에 시달리자 여러 차례 문안하여 위로하는 등, 독립운동가의 경조사를 챙기는 데도 많은 역할을 합니다. 충칭 임시정부 요인들은 대부분 망명한 지 20~30년이 되는 노인들이었어요. 충칭은 분지여서 공기가 좋지 않은 데다 식사가 부실하여 앓는 사람이 많았지요. 임시정부 주석 김구의 큰아들도 이때 폐결핵으로 치료도 받지 못한 채 젊은 나이에 세상을 뜹니다.

일제 패망, 고국에서의 옥살이

1945년 8월 15일 일본 제국주의는 마침내 무조건 항복합니다. 해외의 독립운동가들에게 이 소식은 지옥에서 부처님을 만나는 격이라 할 만큼 감격이었지요. 그들은 귀국을 서두릅니다. 그러나 미군정은 임시정부를 인정하지 않아요. 정부 요인이 아닌 개인 자격으로 들어오게 합니다. 충칭에서 한국으로 오는 길은 쉽지가 않았지요. 임시정부의 핵심 요인들은 비행기로 귀국했지만 나머지 인사들과 가족은 여러 길을 거쳐야 했습니다.

정정화 부부는 아들과 함께 1946년 1월 충칭을 출발, 상하이를 거쳐 5월에야 조국으로 돌아옵니다. 그러나 돌아온 조국의 현실은 뜻밖이었습니다. 독립운동가들보다 미군정과 결탁한 친일파들이 득세했어요. 남과 북이 갈리고, 남한에서조차 찬탁과 반탁, 통일 정부 수립 노선 대 단독정부 노선으로 갈려 싸웠습니다.

1948년 4월 김의한은 김구 일행과 함께 평양을 방문하여 남북 통일 정부 수립 문제 등을 논의하고 돌아옵니다. 그러나 이해 8월 15일 남한에서 단독으로 대한민국 정부가 수립되고, 이듬해 6월 26일 독립운동에 생애를 바친 김구가 이승만 대통령의 측근들에 의해 암살당하는 비극이 벌어집니다. 그리고 1950년 마침내 6·25 전쟁이 터집니다. 해방된 조국을 갈망하던 이들 가족의 비극은 계속됩니다. 김의한은 납북되고 정정화는 이승만 정부에서 특별 조치령 위반 혐의로 투옥되었다가 집행 유예로 풀려납니다.

이승만 정부는 독립운동가든 누구든 자기들과 같은 편이 아니면 엉뚱한 이유로 구속하고 재판에 넘겼습니다. 정정화는 1952년 2월 아이젠하워 미국 대통령 방한 당시에 '요시찰 인물'로 찍혀 또 붙잡힙니다. 해방된 조국에서 벌써 두 번째 구속이 된 것입니다. 납북된 남편의 소식은 끊어지고, 자신은 외국 대통령이 방문한다고 감옥에 들어가야 하는 어처구니 없는 신세가 된 것입니다. 50살이 넘은 정정화는 이 같은 처지를 「옥중소감」이란 시에서 다음과 같이 읊었지요.

아직껏 고생 남아 옥에 갇힌 몸 되니
늙은 몸 쇠약하여 목숨 겨우 붙었구나
혁명 위해 살아온 반평생 길인데
오늘날 이 굴욕이 과연 그 보답인가
국토는 두 쪽 나고 사상은 갈렸으니
옥과 돌이 서로 섞여 제가 옳다 나서는구나
철창과 마룻바닥 햇빛 한 점 없는데
음산한 공기 스며들어 악취를 뽑는구나

하루 두 끼가 한 줌의 보리며
일어서고 앉음이 호령 한마디에 달렸네
깊은 밤 찬 바람에 마루에 누웠는데
가을이 늦었어도 걸친 것은 모시옷뿐
옥리들의 소행이 우습기만 하나니
입 벌리면 사람에게 욕이나 퍼붓네
손들어 하는 짓은 채찍질이 고작이니
나하고 전삼생에 무슨 원한 있단 말인가
-『장강일기』(학민사 펴냄) 중에서

정정화는 1986년 백내장 수술 후 한쪽 눈이 실명되는 등 병환과 곤궁 속에서 고생하다, 1991년 11월 2일 향년 92세로 운명하여 대전현충원 애국지사 묘역에 안장되었습니다. 그토록 소식을 기다리던 남편 김의한은 이보다 앞서 1964년 10월 9일 평양에서 사망하지요.

정정화는 1987년 자신의 일대기인 『녹두꽃』을 구술하고, 이 책은 이후 『장강일기』란 제목으로 재출간되었답니다.

독립운동과 통일 정부 수립의 상징 **김구**

상민의 신분으로 태어났으나

김구는 1876년 8월 29일 황해도 해주 백운방 텃골에서 태어났습니다. 아버지는 김순영, 어머니는 곽락원이었습니다. 1876년은 우리나라와 일본이 강화도조약을 맺은 해입니다. 강압으로 맺은 이 조약을 근거로 일본이 한반도 내정을 간섭하기 시작하지요.

김구의 집안은 상민 계급이었답니다. 김구가 태어나고 18년 후인 1894년이 되어서야 갑오개혁으로 계급을 타파하는 법령을 만들었으니, 그때만 해도 양반·상놈을 구분하는 반상제가 남아 있었지요.

조상 대대로 상민 계급이었던 김구의 아버지는 가난 속에서도 아들을 12세 때에 서당에 보내 한학 공부를 시켰습니다. 당시는 과거에 급제하여 관직에 오르는 것밖에는 달리 신분 상승의 방법이 없었지요.

김구는 17세에 황해도 향시에 응시했으나 낙방합니다. 당시는 정부의 부패와 부정이 심해서 합격자를 미리 정해 놓고 형식적으로 시험을 치르는 식이었어요. 매관매직도 횡행했습니다. 서당 공부를 중단한 김구는 아버지의 권유로 관상이나 묏자리를 잡아 주는 풍수학을 공부합니다.

그 무렵에 동학 농민 혁명이 일어납니다. 1894년 전라도 고부에서 전봉준을 중심으로 동학계 농민들이 봉기합니다. 동학은 1860년 '서학'인 천주교에 대항하여 최제우가 만든 신흥 종교입니다. 최제우는 "사람이 곧 하늘이다(인내천)"란 사상으로 신분 차별 금지, 부패 척결 등을 내세우며 포교 활동을 벌이다 정부로부터 혹세무민(세상을 어지럽히고 백성을 속임)이라는 이유로 체포되어 사형당합니다. 이에 전봉준과 동학교도 등이 최제우의 뜻을 받들어 백성을 살리고 나라를 왜적으로부터 구하겠다는 명분으로 동학 농민 혁명을 일으킨 것이지요.

김구는 18세에 동학에 입도합니다. 이후 동학의 접주가 된 김구는 황해도 동학 농민군 선봉장이 되어 해주성을 공격하나 패배합니다. 신식 무기로 무장한 일본군과 관군을 당할 수 없었던 것이지요. 한편 동학 주력 부대가 우금치에서 크게 패함으로써 동학 농민 혁명은 좌절됩니다. 전봉준 장군은 한 농민의 밀고로 일본군에 붙잡혀 사형을 당하게 되지요.

이때 소년 접주로 활약하던 김구는 동학군을 진압하던 안중근의 아버지 안태훈의 눈에 들게 됩니다. 김구는 청계동에서 안태훈의 소개로 고능선을 만나 유학을 배우게 되지요. 소년 안중근과도 사귀게 됩니다. 이 시기에 김구는 많은 것을 깨닫게 됩니다. 사람이 어떻게 살아야 하는지, 참된 용기란 무엇인지, 나라 안팎의 정세는 어떻게 돌아가는지 등에 관해 알게 되지요. 김구는 훗날 두고두고 고능선의 가르침에 감사하게 됩니다.

청계동에서 수학 중이던 때 명성황후 시해 사건이 일어납니다. 백성들이 분노하고 전국 각지에서 의병이 시작되지요. 김구는 김기언이 이끄는 의병에 들어가 고산리 전투에 참가합니다. 그러나 현대 무기로 무장한 일본의 정규군과는 상대가 되지 않았습니다. 결국 의병 부대는 많은 피해를 입고 해산합니다.

첫 의병전에서 패한 김구는 고향으로 가는 길에 일본군 밀정 스치다를 처단합니다. 그리고는 그 자리에 처단 이유와 자신의 이름, 주소를 적어 놓고 집으로 돌아오지요. 스치다가 소지한 거액의 공작금은 주변 지역 농민들에게 나눠 줍니다. 이 일로 김구는 사형을 선고받게 되지요. 일본이 우리의 사법권을 장악한 상태였기 때문입니다. 다행히 고종 황제가 형 집행 정지 명령을 내립니다만 투옥 상태는 계속되지요.

나라의 운명이 갈수록 어려워지는 상황에서 감옥에만 있을 수 없다고 생각한 김구는 결국 인천감옥을 탈출합니다. 그의 나이 스물셋일 때였지요. 변장을 하고 삼남 일대를 순방하던 그는 공주 마곡사에서 승려가 됩니다. 법명은 '원종'이었지요. 그리고 이듬해 대보산 영천암 주지가 되면서 불도에 전념합니다.

청년 김구가 승려 생활을 할 때 고종은 나라 이름을 조선에서 '대한제국'으로 바꾸고 자주 독립국임을 선포합니다. 호칭도 대왕에서 '황제'로, 연호를 '광무'로 바꾸는 등 이른바 '칭제건원'(스스로 황제라 선포하고 연호를 정함)을 단행합니다. 하지만 열강들의 틈바구니에서 자주독립 국가를 유지하기란 쉬운 일이 아니었습니다.

1899년 가을에 김구는 승려 생활을 마치고 고향으로 돌아갑니다. 사직동에 장련학교를 세우고 청년 교육에 전념하지요. 1903년 28세 때는 최준례와 결혼합니다. 당시로는 대단히 늦은 결혼이었지요. 그해 러·일 전쟁이 벌어지자 다시 전국에서 항일 의병이 조직돼요. 1905년 김구는 서울 상동교회에서 애국지사 전덕기, 이준, 이동녕 등과 을사늑약 파기 청원 상소를 하고 항일 전선에 뛰어듭니다.

신민회 참여, 중국 망명 구국 활동

김구가 신민회에 가입한 것은 1907년입니다. 미국에서 돌아온 안창호를 중심으로 전덕기, 양기탁, 안태국, 이동녕, 신채호, 이동휘, 노백린 등 애국지사들은 '신민회'라는 비밀결사를 조직하고 평양에 대성학교, 정주에 오산학교를 세우는 한편 〈대한매일신보〉를 발행하여 국민 계몽 운동을 벌입니다. 신민회는 우리나라 최초로 민주 공화주의를 내걸고 해외에 무장 독립군 기지를 건설할 것 등을 결정합니다.

김구는 여기에 참여하여 황해도 총감으로 선출됩니다. 유지들의 지원을 받아 안악면학회와 양산학교 등을 세우고 이듬해에는 해서교육총회의 학무총감이 되어 황해도의 여러 군을 순회하면서 민족 교육 운동을 전개합니다.

1909년 10월 26일 안중근이 이토 히로부미를 만주 하얼빈에서 처단했을 때, 김구는 이 사건에 연루되어 구속되었다가 풀려납니다. 그리고 재령의 보강학교 교장으로 선임되어 청소년 교육 사업에 진력합니다. 결국 조국이 일본의 식민지로 전락하자 김구와 신민회 간부들은 비밀 모임을 갖고 해외 망명, 군자금 모금, 만주에 무관학교 설립 등을 결정하지요. 그러다 이른바 '안악 사건'(조선 총독 암살 음모 사건)에 연루되어 서울로 압송되어, 심한 고문을 받고 15년 징역형을 선고받지요.

서대문형무소에 수감된 김구는 호를 '백범'으로 바꿉니다. 평생을 백성과 평범한 서민들을 위해 살겠다는 의지의 표현이었지요. 옥중에서도 틈틈이 신학문 관련 책을 읽고 학식을 넓힙니다. 김구는 5년여 만에 가출옥으로 풀려나 동산평농장의 농감 노릇을 하면서 소작인들의 계몽 사업에 진력합니다.

1919년 3·1 혁명이 일어나자 김구는 상하이로 망명합니다. 이때부터 해방될 때까지 무려 27년간 망명 생활을 하게 되지요. 상하이로 집결한 애국지사들은 대한민국 임시정부를 수립합니다. 나라를 빼앗긴 지 9년 만에, 비록 해외이긴 하나 독립된 정부를 갖게 된 것이지요. 정부 수립 과정에서 치열한 토론 끝에 나라 이름을 '대한민국', 국가 형태를 '민주 공화제'로 정합니다. 이것은 우리나라의 정통성으로 지금까지 이어지고 있습니다.

김구는 내무부장인 안창호에게 임시정부를 지키는 수위 역할을 자청합니다. 그러나 임시정부 간부들은 김구의 과거 업적을 평가하여 경무국장으로 임명합니다. 그는 임시정부 간부들의 경호, 친일파·밀정들의 색출 등 많은 역할을 해냅니다. 1922년에 내무총장이 되고, 안창호 등과 한국노병회를 조직하여 독립군 양성을 위해 노력합니다. 그 사이 아내 최준례가 출산 후 영양실조에 걸려 사망하고 맙니다. 이후 김구는 죽은 아내를 생각하며 평생 독신으로 살게 되지요.

임시정부는 대통령에 선임된 이승만의 행적을 놓고 분란이 일어납니다. 얼마 후 박용만, 신채호 등은 베이징으로 떠나가고 이승만은 임시정부 의정원에서 탄핵을 받습니다. 이

김구와 친일파 민원식을 처단한 양근환, 일왕을 죽이려 한 박열이 함께 있는 모습(양근환, 김구, 박열 순).

에 따라 임시정부는 대통령 중심제를 내각제로 바꾸고 1926년 김구를 국무령으로 선출합니다. 이때 김구는 "나는 미천한 집안 출신인데 아무리 망명 정부라지만 일국의 수반이 될 수 없다"고 한사코 사양했습니다. 그러나 간부들은 "김구가 아니면 임시정부를 이끌어 갈 인물이 없다"고 설득하였지요.

임시정부 이끌며 이봉창·윤봉길 의거 주도

김구는 국무위원, 내무장, 재무장 등을 번갈아 맡으면서 임시정부를 이끕니다. 그러면서 비밀 조직인 한인애국단을 만들지요. 1932년 단원이었던 이봉창은 일왕 히로히토를 죽이겠노라고 나섭니다. 김구의 지원을 받은 그는 일본으로 건너가 히로히토가 탄 마차에 폭탄을 던졌지만 안타깝게도 목적을 달성하지는 못한 채 순국하지요.

두 번째로 윤봉길이 자원합니다. 마침 일본군의 상하이 점령과, 일왕 생일을 축하하는 천장절 기념행사가 상하이 홍커우공원에서 열려요. 이때 윤봉길이 단상에 폭탄을 던집니다. 일본군 대장 시라카와 등이 폭살되고, 윤봉길은 일본으로 끌려가 순국합니다. 일제는 거액의 현상금을 걸고 김구의 검거에 나섭니다. 일본 군경은 물론이고 현상금을 탐낸 한국 밀정과 중국인도 그의 뒤를 쫓지요. 김구는 상하이를 탈출하여 피신하고 임시정부도 항저우로 옮깁니다.

1933년 58세의 김구는 난징에서 중국 총통 장제스와 회담하고 중국 군관학교에 한국 독립군 훈련반을 설치할 것에 합의합니다. 이것은 김구가 오랫동안 꿈꾸어 온 일입니다. 이듬해 중국중앙육군 군관학교 남양분교에 한일 특별반을 설치하고, 임시정부를 전장으로 옮깁니다. 1937년 일본이 '노구교 사건'을 조작하면서 중·일 전쟁이 일어나고 장제스 정부는 충칭으로 수도를 옮기지요.

우리 임시정부도 창사로 청사를 옮기고 분열된 정당을 통합하는 3당 통합 회의를 엽니다. 이때 의문의 인물 이운환이

임시정부의 주석 김구와 중국 총통 장제스(왼쪽이 김구).

참석자들을 무차별 저격하여 독립운동가 1명이 사망하고 김구는 가슴에 총탄을 맞습니다. 다행히 목숨을 건지나 죽을 때까지 심장 부근에 총알이 박힌 채로 지내게 되지요. 후유증으로 수전증이 생겨 휘호를 쓸 때면 손이 떨립니다. 그래서 김구는 자신의 특이한 글씨를 '총알체'라고 하면서 웃곤 했다고 합니다.

임시정부는 전쟁 상황에 따라 창사→광저우→류저우→치장→충칭으로 청사를 옮기면서 일제에 대응했습니다. 그러던

중 1939년 4월 어머니 곽락원 여사가 사망합니다. 감옥에 있는 아들을 면회하면서 "나는 네가 경기감사를 하는 것보다 더 자랑스럽다"고 격려했던 분입니다.

　　김구의 어머니와 관련한 유명한 일화가 있습니다. 어느해 자신의 생일을 앞두고 독립운동가들이 돈을 모아 잔치를 준비합니다. 그 소식을 들은 어머니는 책임자를 불러 그 돈을 주면 집에서 음식을 준비하겠고 하지요. 그런데 생일날 어머니가 마련한 잔칫상에는 음식 대신 권총 두 자루가 태극기에 싸여 있었습니다. 왜적 한 명이라도 더 처단하라는 뜻이었지요. 그 어머니에 그 아들이란 말이 나왔습니다. 장한 어머니였습니다.

　　1940년 민족진영 세 개 정당이 통합하여 한국독립당이 결성되자 김구는 중앙집행위원장에 선출됩니다. 그리고 그해 한국광복군이 창설되지요. 꿈에도 그리던 일이 마침내 성사된 것입니다. 광복을 이루려면 군대가 있어야 한다는 소신에 따라 중국 정부를 움직인 것입니다. 개정된 임시정부 헌법에 따라 김구는 주석에 선임됩니다.

　　1941년 일본이 미국의 진주만을 기습 공격하자 김구는 즉각 국무회의의 의결을 거쳐 일본에 선전 포고를 합니다. 광복군을 동원하여 일본군과 싸우고, 미군 OSS 부대와 합동으로 국내진공 훈련을 실시하지요. 이 무렵 사회주의 계열의 민족혁명당과 통합하여 좌우합작 정부를 마련하여 일제와 싸우게 됩니다.

　　김구는 일제 패망을 내다보면서 새 나라를 세울 준비를 서둘렀습니다. 1941년 11월 당내 이론가인 조소앙 등을 시켜 '대한민국 건국 강령'을 마련하지요. 기본 요체는 정치, 경제, 교육의 평등을 기반으로 한 개인 간, 민족 간, 국가 간 평등이었습니다. 정치적 평등은 보통 선거제로, 경제적 평등은 토지 국유화

와 대생산 기구 국유화로, 교육적 평등은 의무 교육으로 이루어
진다고 보았으며 이를 통해 개인 간 평등이 이루어진다고 했습
니다. 특히 국가 간 평등은 식민지 정책과 제국주의를 부정하는
모든 국가들이 상호 침략을 하지 않음으로써 이루어진다고 보았
죠. 이는 임시정부의 건국이념으로 채택되었으며, 해방 후 대한
민국 정부가 수립되면서 제헌 헌법에도 크게 영향을 주었답니다.

꽃피우지 못한 통일 정부의 꿈

　　　　1945년 8월 15일 마침내 일제는 연합국에게 무조건 항
복을 선언합니다. 히로시마와 나가사키에 원자폭탄이 떨어진 후
였지요. 그러나 이 소식에 누구보다 기뻐해야 할 김구는 걱정이
이만저만이 아니었습니다. 국제 열강들 틈에서 조국의 자주독립
이 쉽지 않을 것이란 점을 내다본 것입니다.

　　　　김구의 우려는 현실로 나타났습니다. 미국은 임시정부
를 해체하고 개인 자격으로 귀국하도록 했습니다. 한반도는 3·8
선을 경계로 하여 미군과 소련군이 각각 주둔하게 됩니다. 게다
가 향후 5년간 국제연합이 한국을 신탁 통치한다는 청천벽력과
같은 소식이 들려옵니다. 김구는 당연히 반대 운동을 전개하지
요. 당시는 모든 정파가 그랬습니다.

　　　　이에 앞서 한 가지 알아야 할 사실이 있습니다. 제2차
대전이 끝나갈 무렵 이집트의 수도 카이로에서 전후 처리 문제를
논의하기 위해 회담이 열립니다. 연합국 측의 루스벨트 미국 대
통령, 처칠 영국 수상, 중국의 장제스 총통이 만나지요. 회담의
중요성을 인식한 김구는 장제스를 찾아가 반드시 한국의 독립

문제를 선언해 줄 것을 간청합니다. 두 사람은 매우 각별한 사이였기에, 장제스는 이를 약속하고 실행합니다. 한국의 독립 문제가 열강의 선언문에 명기됩니다. 제2차 세계대전 후 국제적으로 100개 이상의 국가, 민족이 식민지 상태였는데 연합국 수뇌 회담에서 공식 문건에 독립이 명시된 나라는 한국뿐이었어요. 김구의 혜안이 있었기에 가능한 일이었습니다.

　　귀국한 김구는 반탁운동에 전념하는 한편 순국선열의 묘소와 유족을 찾아 위로합니다. 이봉창·윤봉길·백정기의 유해를 일본에서 수습해 와 용산 효창원(효창공원)에 안장하지요. 안중근의 유해도 찾고자 애썼지만 뤼순이 소련군 점령지여서 끝내 찾지 못합니다.

　　국내 정세는 하루가 다르게 바뀝니다. 남한에서는 미군정이 실시되고 주요 의제가 친일파 청산에서 찬탁이냐 반탁이냐 하는 이념 투쟁으로 옮겨 갑니다. 그런 와중에 친일파들이 약삭빠르게 미군정에 끼어들면서 새로운 권력체로 등장하지요. 김구는 경교장에 임시정부 본부를 두고 반탁운동을 전개하는 한편 친일파 척결을 주장합니다.

　　미국에서 귀국한 이승만이 1946년 6월 6일 남한 단독정부 수립을 주장하면서 해방 정국은 단독정부(단정) 수립 세력과 통일 정부 수립 세력 간 대립 구도가 됩니다. 김구는 어떤 일이 있어도 단독정부는 안 된다는 신념이었지요. 한반도에 두 개의 정부가 수립되면 필연적으로 동족 간의 전쟁이 벌어질 거라는 우려 때문이었습니다.

　　그러나 미군정 측이 단정 쪽으로 기울자 김구는 1948년 4월 19일 김규식과 평양으로 가서 김일성, 김두봉 등과 남북 협상을 벌입니다. 이에 앞서 '3천만 동포에게 읍고함'이란 성명을 발표하지요. 일부를 소개합니다.

내가 국가 민족의 이익을 위하여는 일신이나 일당의 이익에 구애되
지 아니할 것이요, 오직 전 민족의 단결을 달성하기 위하여는 3천만
동포와 공동 분투할 것이다. 이것을 위하여는 누가 나를 모욕하였다
하여 염두에 두지 아니할 것이다.

김구의 간절한 바람에도 남북 협상은 성공하지 못합니
다. 1948년 5월 10일 남한만의 총선거가 실시되고 이승만이 초대
대통령에 선출됩니다. 북쪽에서도 조선민주주의 인민공화국이
수립되지요. 그토록 김구가 우려하던 게 현실로 나타난 것입니
다. 한반도에 두 개의 정권이 수립된 것이지요.

그리고 김구는 육군 소위 안두희에게 암살당합니다.
1949년 6월 26일 그의 나이 74세, 고국으로 돌아온 지 4년 만입
니다. 일제도 끝까지 죽이지 못했던 김구는 동족의 손에 어이없
이 암살된 것입니다. 안두희는 극우 테러 단체인 서북청년단 요
원, 미국 정보기관 CIC(미군 방첩대) 요원을 지내는 등 복잡한 인
물이었어요. 그런 그가 이승만의 측근들로 구성된 비밀 조직 88
구락부의 사주를 받고 범행을 저지릅니다. 조국 독립과 통일 국
가 수립을 위해 평생을 몸바친 김구는 그렇게 테러리스트의 흉
탄에 맞아 서거합니다.

독립운동과 현대사의 주역 **여운형**

생애를 관통하는 독립과 통일 의지

한국 근현대사에서 여운형은 특별한 인물입니다. 독립 운동 시기와 해방 공간에서 그의 역할은 독보적이었지요. 조국 해방이라는 씨줄과 통일 정부 수립이라는 날줄로 짜인 그의 파란만장한 생애와 사상은 한마디로 '진보적 민족주의' 그 자체라 하겠습니다.

여운형은 당대의 시류를 넘어 역사를 폭넓게 볼 줄 아는 인물이었습니다. 격동의 시대인지라, 여러가지 시대사조와 국내외의 다양한 인물들을 접하지요. 그는 시대에 한발 앞서 민족의 미래와 나아갈 길을 끊임없이 탐구하고 개척한 지도자였습니다.

여운형은 1886년 5월 25일 경기도 양평군 양서면 신원리 묘곡에서 아버지 여정현과 어머니 경주 이씨 사이에서 태어납니다. 아버지는 임진·정유왜란 이후 최초의 일본 통신사였던 여우길의 10대손이며, 어머니는 역시 왜란 때의 공신 이항복의 11대손으로 양평의 명문가 출신입니다.

여운형 바로 밑으로 여동생(성명 미상)과 남동생 여운홍이 있었어요. 아버지는 청렴한 인격자로 엄하고 권위적이었다고 합니다. 어머니는 아버지보다 3세 연상이었는데 엄격함과 관용을 겸비한 여장부였다고 합니다. 동학 농민 혁명으로 단양으로 피난 갔던 어머니가 태몽에서 태양을 치마폭에 받았다고 하여 여운형은 아호를 '몽양'이라 지었다고 합니다.

여운형은 어려서 한학자인 할아버지에게 한문을 배우고, 13세 때 용인 출신 윤세영의 장녀와 결혼합니다. 14세에는 서울로 올라가 배제학당에 입학합니다. 일찍 개화하여 일본과 미국 유학을 다녀온 숙부 여병헌의 권유 때문이었지요. 배제학당은 선교사 아펜젤러가 세운 학교로 근대 학문은 물론 중국 고전과 야구, 테니스 등 스포츠도 가르칩니다. 훗날 그가 만능 스포츠맨이 된 것은 이때 기초를 배운 덕분이랍니다.

여운형은 협성회(배제학당 학생이 중심이 된 계몽 운동 단체)가 주최하는 토론에 참여하면서 조선의 봉건성에 눈뜨게 됩니다. 이후 배제학당을 중퇴하고 민영환이 설립한 흥화학교로 전학하지요. 그러다 인생에 큰 시련을 맞습니다. 17세 때에 임신 중인 아내가 사망하고, 19세 때 어머니가 돌아가십니다. 20세 때에는 아버지마저 별세하지요. 잇따라 부모와 아내를 잃은 그는 한때 폭음과 노름으로 타락한 나날을 보냅니다.

이후 1905년 진상하와 재혼한 여운형은 광명학교를 설립하고, 양평에서 국채보상운동을 벌입니다. 1908년 아버지의 3년상을 마친 후 집안의 노비들을 모두 해방시키고 노비 문서를 불태웁니다. 젊은 나이에 쉽지 않은 결정을 한 것입니다. 기독교에 입교하여 장로교 클라크 목사의 조수로 열심히 전교 활동을 하기도 합니다. 이때 청년 전도사로서 이름을 알리게 되지요.

나라가 망하자 교육에 뜻을 두고 강릉 초당의숙에서 청년들에게 민족의식을 심어 주다가 일제에 의해 쫓겨납니다. 1914년 중국 난징 금릉대학 영문과에 입학하여 수료한 후 상하이로 건너갑니다. 미국인이 운영하던 협화서국에 취직하여 일하면서 동포 청년들의 구미 유학과 도항 절차를 알선하는 일에 주력해요.

여운형은 1918년 잠깐 국내에 들어와 이승훈, 이상재 등 민족 지도자들과 만나 국내외 정세를 논의하고 다시 베이징으로 돌아갑니다. 이 무렵부터 여운형의 본격적인 독립운동이 시작됩니다.

대한민국 임시정부 수립의 주역

여운형이 독립운동과 남북 통일 운동에 어떤 역할을 하였는가에 대해 큰 줄기를 중심으로 살펴보겠습니다. 몽양은 누구보다 국제 정세의 흐름에 밝았습니다. 1918년 1월 미국 대통령 윌슨이 선언한 14개조 평화 원칙에 주목하고, 1919년 1월 파리에서 열리는 강화회의에 대표 파견을 시도하지요. 강화회의 대표들이 극동 변방의 나라 한국의 존재에 대해 알 리가 없을 뿐 아니라, 개인 자격으로는 회의장에 접근하기 어려우리라 예상하고 상하이 프랑스 조계에서 동지들과 신한청년당을 조직합니다. 당의 이름으로 대표를 파견하려는 계획이었지요.

여운형은 장덕수와 함께 조선의 독립을 요청하는 청원서를 작성합니다. "조선은 4000년의 역사를 가졌고, 동양의 문화에 적지 않게 공헌을 했던 나라이지만 한일 합방 후는 민족의 정치적 생활이 불가능하게 되어 정치, 경제, 교육, 종교상의 압박을 받아"로 시작되는 내용이었지요.

그리고 같은 해 11월에 윌슨 미국 대통령의 특사 그레인이 상하이에 왔을 때 그에게 파리강화회의에 한국 대표를 파견할 수 있도록 도움을 요청합니다. 그로부터 고무적인 격려를 받자 장문의 독립 청원서를 영문으로 두 통을 작성, 미국 언론인에게 줍니다. 한국 대표가 회의에 참석하지 못할 경우 한 통은 윌슨 대통령에게, 다른 한 통은 평화회의 의장에게 각각 전해 줄 것을 요청하지요.

1919년 1월에 톈진에 있던 김규식을 상하이로 초청하여 그를 파리로 파견하기로 결정한 데 이어 장덕수를 국내로 보내어 이상재, 손병희 등과 접촉하도록 합니다. 자신은 만주를 거쳐 블라디보스토크로 가서 이동녕, 문창범, 박은식, 조완구 등과 만나 독립운동의 방략을 논의하지요.

신한청년당 결성과 파리강화회의에 대표 파견은 여운형의 정치적 위상을 크게 높이는 계기가 되었답니다. 도쿄 유학생들의 2·8 독립선언, 국내의 3·1 혁명을 촉발시키고 임시정부 수립에도 크게 기여합니다

3·1 혁명 후 국내외의 애국지사들이 상하이로 모여듭니다. 임시정부를 세워서 조직적으로 항일전을 수행하려는 뜻이었답니다. 3·1 혁명 직후인 3월 말 신규식 중심의 동제사와 여운형 등의 신한청년당 멤버들이 상하이 프랑스 조계 안의 보창로 329호에 합동으로 독립 임시 사무소를 차립니다. 그곳에서 임시정부 수립에 대한 논의가 본격화됩니다.

독립 임시 사무소에 모인 인사들은 3·1 혁명 정신을 이어받아 항일 투쟁을 전개하고 독립을 쟁취할 조직체 결성을 논의합니다. 그리고 마침내 의정원을 구성하기로 하지요. 애초에 그는 많은 사람이 참여하는 당 중심의 조직을 원하였으나 다수가 임시정부 수립 쪽으로 기웁니다. 임시정부 수립의 산파역을 한 여운형은 외무 위원장으로서의 역할을 충실히 합니다.

일본 기자들 앞에서 외친 조선 독립

여운형은 1919년 11월 16일 일본으로 건너갑니다. 일본 정부의 초청에 의한 것이었지요. 임시정부 요인들은 대부분 찬성했으나 이동휘, 신채호, 한위건 등이 이에 강경하게 반대합니다.

일본은 3·1 혁명 당시 군경의 무차비한 만행으로 국제 사회로부터 규탄을 받고 있던 상황이었습니다. 일본 정부가 유화책을 쓴 것이지요. 그럼에도 초청에 응한 이유는 일제의 기만 술책을 역이용해 보자는 배짱이었습니다. 일본 정부가 신변 안전을 약속했다지만 맨손으로 적의 소굴로 들어가는 건 위험천만한 일이었습니다. 웬만한 배포가 아니고는 하기 어려운 모험이었지요. 결국 여운형은 국빈 대우를 받으며 일본에 입국합니다. 거기서 일본 정부와 언론, 학계 인사들을 상대로 거침없는 연설을 하지요. 다음은 그 연설 중 일부입니다.

한일 합병을 말하면 그것은 결코 우리 민족의 의사가 아니다. 소수 당국과 즉 매국자들이 한 짓이며, 또 당시 주권자의 진정한 의사도 아니었다.

일본은 합병이 양 국민의 호의로 되었다고 하지만, 조선 국민은 이에 대하여 원한이 뼈에 사무쳤다. 요컨대 이것은 강제로 된 정치적 불공정이라 즉 합병이 아니라 병탄이다. 일본 사람들은 한일 합병을 한인의 행복이요 동양 평화라 하나 한국 사람들의 재앙이요 수치요, 동양 평화의 환란과 시기(猜忌)를 생기게 한 것이다. 소위 선정, 덕정을 표방한다는 현재의 총독 정치를 보아도 우리 민족적 요구인 독립운동을 압박하고 있지 않은가?

여운형의 방일 기간 중 하이라이트는 테이코쿠호텔의 기자 회견 연설입니다. 일본 신문 기자단과 각계 인사들이 지켜보는 가운데 거침없이 열변을 토하였지요.

일본인이 생존권이 있는 것처럼 한민족에도 생존권이 있고, 한국민이 민족적 자각을 하여 자유 평등을 요구하는 데 대해 일본 정부가 이를 방해할 권리는 없다. 세계는 약소민족의 해방, 노동자의 해방 등 세계 개조를 절규한다. 한국의 독립운동은 세계의 대세, 신의 의사 및 한국민의 각성에 의해서 일어난 필연의 운동이다.

일본은 자기를 중심으로 하는 여러 이해 타산적인 견해로 첫째, 자기 방위상 한국 병합을 멈출 수 없다고 했다. 그러나 러시아가 궤멸한 이상 이미 그 이유가 소멸되었다. 둘째, 한국민은 실력이 없기 때문에 독립하더라도 유지할 수 없다는 주장이 있었지만, 한민족은 열화와 같은 애국심이 충만하여 피와 생명으로서 조국의 독립을 회복하고 유지하기에 충분하여 일본이 만약 솔선해서 한국의 독립을 승인하면 민주 공화국으로 할 것이다. 이것은 대한민족의 절대 요구이다.

연설이 끝나자 일본의 대표적 아나키스트인 오스키의 주창으로 참석자들이 "조선 독립 만세!"를 삼창합니다. 여운형의 기자 회견은 일본 정계에 태풍을 불러옵니다. 일본 신문들은 그를 '조선 가정부'(임시정부)의 대표로 소개하면서 연설과 기자 회견 내용을 크게 보도하지요. 그를 초청한 일본 정부에 책임론이 제기되고, 결국 제국의회의 해산과 총선거를 불러왔답니다.

그런 와중에도 여운형은 다나까 육군 대신을 비롯하여 내무 대신, 체신성 대신, 척식국 대신 등 각료들을 만나고, 재일 한국 유학생들을 격려한 다음 12월에 유유히 상하이로 돌아왔습니다. 그리고는 중국 신해혁명의 지도자 손문을 만나 같은 처지에 놓인 한·중 양 민족이 서로 돕자는 목적으로 '중·한호조사'라는 단체를 결성하지요.

그가 가산을 정리하고 중국으로 망명한 것은 손문이 주도한 1911년 신해혁명을 지켜보면서였지요. 1916년 중국 신문 기자의 안내로 손문을 만난 이래 여운형은 손문과 친분을 맺게 됩니다. 중·한호조사의 결성은 이와 같은 교분이 있었기에 가능했지요. 중·한호조사의 중국 측 발기인 중에는 모택동도 있었답니다. 중·한호조사는 여러모로 독립운동에 큰 도움을 줍니다. 지방의 유지들에게 민족 간 공감대를 형성한 것이 우선 큰 성과였지요.

여운형은 러시아의 레닌과 트로츠키, 베트남의 호치민, 중국의 손문을 비롯하여 장제스 등 신해혁명 지도자들과 교분을 유지하면서 한국의 독립 문제를 논의합니다. 그는 장제스의 중국국민당과 모택동의 중국공산당에서 특별 당원 대우를 받고 중국 혁명 운동에 참여할 만큼 그 폭이 넓었답니다.

통일 정부를 향한 헌신

여운형은 1929년 7월 10일 상하이 대마로 경마장에서 일경에 체포되었습니다. 국내로 호송되어 재판에서 3년형을 선고받습니다. 서대문형무소와 대전형무소에서 옥살이를 하면서 치질, 신경통, 난청 등 건강이 악화되어 병보석을 신청했지만 허용되지 않았습니다. 대전형무소에서는 기결수로서 온종일 앉아서 그물을 뜨는 노역 때문에 소화 불량증에 시달리기도 했어요.

1935년 안창호 출옥 후 기념 촬영한 것으로 왼쪽부터 여운형, 안창호, 조만식.

옥고를 치른 여운형은 이후 언론인으로서 국내 활동은
시작합니다. 1933년 2월 〈조선중앙일보〉사장에 취임하지요. 신
문사설과 기사를 통해 일제의 만행을 고발하고 민족의식을 고취
시킵니다. 1936년 한 해 동안 13차례의 신문사 수색·발행 금지
조치를 당할 만큼 대단했지요. 그 유명한 '일장기 말소 사건'도
여운형이 사장으로 있는 〈조선중앙일보〉에서 시작됩니다. 이 사
건 이후 재정난 등으로 신문사는 폐간하게 되지요.

당시 세간에서는 "〈조선일보〉 광산왕(방응모)은 자가용으
로 납시고, 〈동아일보〉 송진우는 인력거로 꺼덕꺼덕, 〈조선중앙일
보〉 여운형은 걸어서 뚜벅뚜벅"이라는 말이 나돌았답니다.

해방 후 여운형은 1943년에 조직한 비밀결사 '조선민족
해방동맹'을 모태로 '조선건국준비위원회'(건준)를 조직합니다.
출범 한 달 만에 남한 145개 시군에 지부를 결성할 만큼 국민들로
부터 폭발적인 지지를 얻지요.

건준은 3대 강령을 다음과 같이 정합니다. ① 완전한 독립 국가 건설 ② 전체 민족의 정치적·사회적 기본 요구를 실현하는 민주주의 정권 수립 ③ 일시적 과도기에 자주적으로 국내 질서 유지와 대중 생활의 회복 등이 그것입니다.

그러나 건준은 내외적으로 어려움을 겪게 됩니다. 송진우, 장덕수 등 우파들이 새로운 권력의 실체로 등장한 미군정의 눈치를 살피면서 건준 참여를 거부합니다. 이런 와중에 건준 내의 좌파 세력은 조직을 확대하여 건준의 주도권을 장악하고, 미군이 진주하기 이틀 전인 1945년 9월 6일 건준을 해체하고 '조선인민공화국'을 선포합니다.

여운형은 좌우합작을 통해 통일 정부를 수립하려고 노력했지만 좌절합니다. 이후 통일 정부 수립을 염원하며 다섯 차례나 방북을 하면서 마지막 정열을 불태웠습니다. 해방 후 미군정 포고령을 무시한 채 평양을 방문한 것을 두고 미군정이 문제 삼자 "집주인이 제집에서 아랫방으로 내려가건 윗방으로 올라가건 손님들이 웬 참견이냐"고 호통쳐요. 그에게는 통일 조국 건설 이외에, 미국도 소련도 안중에 없었던 것입니다.

여운형은 광복 직후 〈매일일보〉의 조사에서 "조선을 대표하는 정치인" 중 첫 번째로 꼽힙니다. 당시 존 하지 미군정 장관이 미국 정부에 보낸 극비 보고서에는 "남쪽에서 대통령 선거를 하면 국내파 여운형이 당선된다. 차점자는 중국파 김구이고 미국파 이승만은 3위다"라는 내용이 적혀 있습니다. 미군정이 아니었다면 몽양은 대한민국의 초대 대통령이 되었을 것입니다. 초대 대통령 이승만의 실책과 비교할 때 참으로 애석하고 안타깝기 그지없는 일이지요.

여운형은 1947년 7월 19일 62세에 북한에서 한 달 전에 내려왔다는 19세의 청년 한지근에게 암살당합니다. 배후에는 백색 테러 조직인 '백의사'가 지목되고, '독립운동가 잡는 귀신'이라는 노덕술 등 친일 경찰과 이들을 감싼 정치 세력도 거론되지만 오늘까지도 미궁에 빠져 있습니다.

수도경찰청장 장택상은 이 암살 계획을 미리 알고 있었던 것 같습니다. 그렇지만 이를 막지 않고 오히려 여운형에게 서울을 떠나라며 겁박해요. 하지 미군정 장관은 여운형이 암살당하기 20일 전 이승만에게 정치 암살 계획을 중단하라는 공개서한을 보내기도 합니다. 이승만 세력이 관계되어 있을 가능성을 암시하는 일이지요.

여운형의 파란만장한 생애와 독립운동, 해방 후 통일 정부 수립에 대한 헌신을 되돌아보면, 어떻게 그 같은 인재가 해방된 조국에서 암살당하게 되었는지, 가슴 아프면서 여전히 그에 대한 정당한 평가조차 주위의 눈치를 봐야 하는 현실에 안타까움을 느끼게 됩니다.